学ぶ人は、変えてゆく人だ。

目の前にある問題はもちろん、

人生の問いや、

社会の課題を自ら見つけ、

挑み続けるために、人は学ぶ。

「学び」で、

少しずつ世界は変えてゆける。

いつでも、どこでも、誰でも、

学ぶことができる世の中へ。

旺文社

JN035982

文部科学省後援
英検®準**2**級
でる順パス単

クイック
チェック

旺文社

はじめに

英検の対策をするうえで単語学習はとても重要です。しかし「単語がなかなか覚えられない」「単語集を何度見てもすぐに忘れてしまう」という悩みを抱える方は多いのではないでしょうか。『英検準2級　でる順パス単クイックチェック』は，そういった学習の悩みを抱える方に向けた単語学習のサポート教材です。本書は単語集を見るだけではなく「解いて覚える」単語学習を通して記憶の定着をサポートします。

本書は『英検準2級　でる順パス単 [5訂版]』に収録されている見出し語1500語（単語・熟語）のチェック問題をSectionごとに収録しています。特長は，以下の3つです。

❶ 1回10分のチェック問題で気軽に取り組める
❷ 様々な問題形式で多角的に単熟語を学習できる
❸ 英検形式の問題（筆記1）で実戦的な力もつけることができる

学習した単熟語の記憶を使って問題を解くことは，記憶を長期的に残すためにとても効果的な方法です。ただ単語集を見てそのままにしておくのではなく，本書を使って継続的に学習を進め，しっかり記憶を定着させていってください。本書での学習が皆さんの英検合格につながることを心より願っています。

 本書とセットで使うと効果的な
書籍のご紹介

英検準2級　でる順パス単 [5訂版]

本書で出題される単熟語は単語集『英検準2級　でる順パス単 [5訂版]』の見出し語（単語・熟語）に基づいています。単語集で単熟語を学習してから，本書のチェック問題を解けば定着度がさらにアップ！

もくじ

単語編

でる度 **A** 常にでる基本単語 • **400**

でる度 **B** よくでる重要単語 • **400**

でる度 **C** 差がつく応用単語 • **300**

問題作成・編集協力：株式会社シー・レップス

編集協力：久島智津子，Jason A. Chau，株式会社鷗来堂

装丁デザイン：内津剛（及川真咲デザイン事務所）

本文デザイン：伊藤幸恵　　イラスト：三木謙次

録音：ユニバ合同会社　　ナレーション：Julia Yermakov，大武芙由美

本書の構成

本書は『英検準2級 でる順パス単 [5訂版]』に収録されている見出し語1500語（単語・熟語）について，定着が手軽に確認できるチェック問題をSectionごとに収録しています。

チェック問題

1回の学習は2ページ・10分程度。各Section内で少しずつ難しい問題形式へとステップアップしていきます。各ページ右端に答えが掲載されているので付属の赤セルシートで隠して解答しましょう。

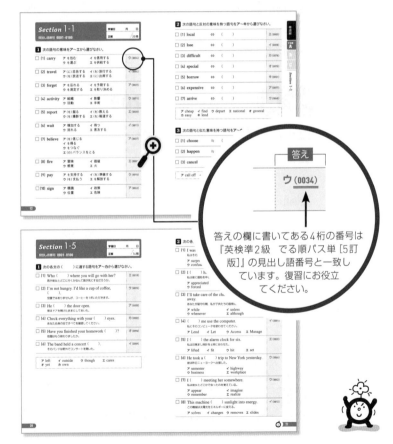

答えの欄に書いてある4桁の番号は『英検準2級 でる順パス単 [5訂版]』の見出し語番号と一致しています。復習にお役立てください。

【音声問題】音声を聞けない場合でも解答は可能です。(※)

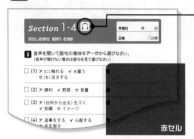

音声を聞いて答える問題です。

🎧マークの列まで赤セルシートで隠して答えましょう。

(音声については p.8 参照)

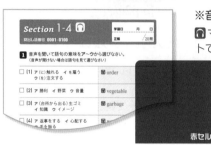

※音声を聞かずに解く場合

🎧マーク付きの語句を赤セルシートで隠さず見て解答します。

英検形式にチャレンジ!

各でる度の最後には実際の試験(筆記1)と同じ形式の実戦問題を収録しています。

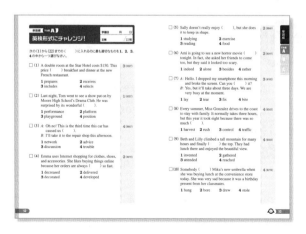

音声について

本書の音声問題の音声は
次の2種類の方法でお聞きいただけます。

パソコンで
音声データ（MP3）をダウンロード

1 以下のURLから，Web特典にアクセス

URL：**https://eiken.obunsha.co.jp/p2q/**

2 本書を選び，以下の利用コードを入力してダウンロード

sjbthd ※全て半角アルファベット小文字

3 ファイルを展開して，オーディオプレーヤーで再生

音声ファイルはzip形式にまとめられた形でダウンロードされます。
展開後，デジタルオーディオプレーヤーなどで再生してください。

※音声の再生にはMP3を再生できる機器などが必要です。
※ご使用機器，音声再生ソフト等に関する技術的なご質問は，ハードメーカーもしくはソフトメーカーにお願いいたします。
※本サービスは予告なく終了することがあります。

公式アプリ
「英語の友」（iOS/Android）で再生

1 「英語の友」公式サイトより，アプリをインストール

URL：**https://eigonotomo.com/**

🔍 英語の友

左記の2次元コードから読み込めます。

2 アプリ内のライブラリより本書を選び，「追加」ボタンをタップ

アプリなら
音声問題（🎧）以外の見出し語も聞けます

※音声データ（MP3）のダウンロードはありません。

ご利用方法

① p.8「公式アプリ『英語の友』（iOS/Android）で再生」と同じ手順
②で『英検準2級 でる順パス単[5訂版]』を「追加」

⚠ 書名を間違えないようご注意ください。

② 画面下の「単語」をタップして「単語モード」で音声再生

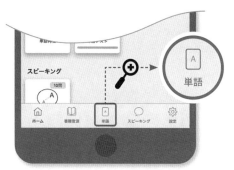

※デザイン，仕様等は予告なく変更される場合があります。

⚠ 「書籍音源モード」には対応していません。「単語モード」を選んで再生してください。

⚠ 本書の答えの横に書いてある4桁の番号が『英検準2級 でる順パス単[5訂版]』の見出し語番号と一致しています。

※本アプリの機能の一部は有料ですが，本書の音声は無料でお聞きいただけます。
※詳しいご利用方法は「英語の友」公式サイト，あるいはアプリ内のヘルプをご参照ください。
※本サービスは予告なく終了することがあります。

単語編

常にでる基本単語 ● **400**

でる度
A

1 次の語句の意味を**ア〜エ**から選びなさい。

☐ (1) carry	ア を包む	イ を信用する	ウ (0034)
	ウ を運ぶ	エ を供給する	
☐ (2) travel	ア (に)忠告する	イ (を)旅行する	イ (0004)
	ウ (を)放送する	エ (に)出席する	
☐ (3) forget	ア を忘れる	イ を予期する	ア (0029)
	ウ を測定する	エ を取り決める	
☐ (4) activity	ア 組織	イ 影響	ウ (0071)
	ウ 活動	エ 手術	
☐ (5) report	ア (を)掘る	イ (を)数える	エ (0028)
	ウ (を)撮影する	エ (を)報道する	
☐ (6) wait	ア 増加する	イ 待つ	イ (0011)
	ウ 流れる	エ 言及する	
☐ (7) believe	ア (を)信じる		ア (0027)
	イ を得る		
	ウ をつなぐ		
	エ (の)バランスをとる		
☐ (8) fire	ア 冒険	イ 価値	エ (0050)
	ウ 感覚	エ 火	
☐ (9) pay	ア を支持する	イ (を)準備する	ウ (0010)
	ウ (を)支払う	エ を解放する	
☐ (10) sign	ア 標識	イ 政策	ア (0062)
	ウ 位置	エ 危険	

2 次の語句と反対の意味を持つ語句を**ア**〜**キ**から選びなさい。

☐ [1] local	⇔	( )	エ (0083)
☐ [2] lose	⇔	( )	イ (0008)
☐ [3] difficult	⇔	( )	カ (0078)
☐ [4] special	⇔	( )	オ (0075)
☐ [5] borrow	⇔	( )	キ (0031)
☐ [6] expensive	⇔	( )	ア (0077)
☐ [7] arrive	⇔	( )	ウ (0040)

> **ア** cheap **イ** find **ウ** depart **エ** national **オ** general
> **カ** easy **キ** lend

3 次の語句と似た意味を持つ語句を**ア**〜**ウ**から選びなさい。

☐ [1] choose	≒	( )	ウ (0038)
☐ [2] happen	≒	( )	イ (0037)
☐ [3] cancel	≒	( )	ア (0043)

> **ア** call off **イ** occur **ウ** select

1 次の語句の意味を**ア~エ**から選びなさい。

☐ 〔1〕 check	ア を要請する ウ (を)撃つ	イ を編む エ (を)確かめる		エ (0013)
☐ 〔2〕 join	ア (賞など)を与える イ (を)抜かす ウ を判断する エ (に)加わる			エ (0022)
☐ 〔3〕 practice	ア を守る ウ (を)練習する	イ (に)歓声を上げる エ を取り換える		ウ (0017)
☐ 〔4〕 tour	ア 苦痛 ウ 奇跡	イ 見学 エ 罰金		イ (0068)
☐ 〔5〕 important	ア 重要な ウ 礼儀正しい	イ 基本的な エ 困難な		ア (0074)
☐ 〔6〕 far	ア 自然に イ はっきりと ウ (距離が)遠くに エ (未来の)いつか			ウ (0091)
☐ 〔7〕 anyway	ア ほとんど ウ 願わくば	イ もっと遠くに エ とにかく		エ (0099)
☐ 〔8〕 avocado	ア アリ ウ ハーブ	イ アボカド エ カブトムシ (の類)		イ (0056)
☐ 〔9〕 win	ア を励ます ウ を勝ち取る	イ を揺らす エ を改良する		ウ (0025)
☐ 〔10〕 ma'am	ア 親戚 ウ 英雄	イ 題名 エ 奥さま		エ (0055)
☐ 〔11〕 plant	ア を飾る ウ を裂く	イ を植える エ のふりをする		イ (0016)

2 下線部の語句の意味を**ア**〜**ウ**から選びなさい。

☐ 〔1〕 **describe** what happened   ウ (0019)
　　ア について議論する
　　イ を受け入れる
　　ウ を描写する

☐ 〔2〕 a **delicious** meal   ア (0084)
　　ア おいしい
　　イ バランスの取れた
　　ウ 伝統的な

☐ 〔3〕 **decide** to study abroad   イ (0002)
　　ア についてよく考える
　　イ を決心する
　　ウ を必要とする

☐ 〔4〕 **save** energy   イ (0024)
　　ア を注ぐ　　**イ** を節約する　　**ウ** を浪費する

☐ 〔5〕 He will **probably** succeed.   ウ (0092)
　　ア 徐々に　　**イ** じきに　　**ウ** 多分

☐ 〔6〕 **repair** an old watch   ア (0044)
　　ア を修理する　**イ** を展示する　**ウ** を発見する

☐ 〔7〕 **move** to a new town   ウ (0009)
　　ア 集まる　　**イ** 広がる　　**ウ** 引っ越す

☐ 〔8〕 **park** a car   イ (0006)
　　ア を生産する　**イ** を駐車する　**ウ** を調達する

☐ 〔9〕 He tried hard. **However**, he failed.   ア (0086)
　　ア しかしながら　**イ** 不運にも　**ウ** おそらく

訳 (1) 何が起こったのかを描写する　(2) おいしい食事　(3) 留学することを決心する
(4) エネルギーを節約する　(5) 彼は多分成功するだろう。　(6) 古い腕時計を修理する
(7) 新しい町に引っ越す　(8) 車を駐車する　(9) 彼は懸命に頑張った。しかしながら，失敗した。

Section 1-3

学習日	月 日
正解	/21問

1 次の語句の意味をア～エから選びなさい。

□ (1) customer	ア 初心者 ウ 割引券	イ 家事 エ (商店などの) 顧客		エ (0065)
□ (2) different	ア いろいろな ウ 巨大な	イ 活動的な エ 確信して		ア (0073)
□ (3) even	ア 立派に ウ ～ (で) さえ	イ 注意して エ 一度		ウ (0087)
□ (4) type	ア 量 ウ 種類	イ 平均 エ 列		ウ (0057)
□ (5) quickly	ア ついに ウ 正確に	イ すぐに エ ほとんど～ない		イ (0097)
□ (6) bottle	ア 電池 ウ 毛布	イ ボタン エ びん		エ (0061)
□ (7) race	ア 儀式 ウ 国家	イ 競走 エ 味		イ (0069)
□ (8) bakery	ア パン屋 ウ 写真家	イ 同僚 エ 航空会社		ア (0058)
□ (9) pick	ア (犬などが) ほえる イ を嫌う ウ を摘む エ をこぼす			ウ (0026)
□ (10) later	ア 主として ウ 最初は	イ 特に エ 後で		エ (0095)

2 下線部の語句の意味を答えなさい。

☐ (1) offer childcare **services**
保育（　　　）を提供する

サービス (0063)

☐ (2) in the near **future**
近い（　　　）に

将来 (0059)

☐ (3) world **events**
世界の（　　　）

出来事 (0054)

☐ (4) **volunteer** at a hospital
病院で（　　　）

ボランティアをする
(0033)

☐ (5) Show me **another** dress.
（　　　）ドレスを見せてください。

他の (0080)

☐ (6) on the **Internet**
（　　　）で

インターネット
(0046)

☐ (7) **invite** a new friend for dinner
夕食に新しい友達（を　　　）

を招待する (0036)

☐ (8) reserve a room **online**
（　　　）部屋を予約する

オンラインで (0088)

☐ (9) come up with a good **idea**
良い（　　　）を思いつく

考え (0047)

☐ (10) **train** dogs properly
きちんと犬（を　　　）

を訓練する (0003)

☐ (11) It **actually** happened.
それは（　　　）起こった。

実際に (0094)

1 音声を聞いて語句の意味を**ア~ウ**から選びなさい。
（音声が聞けない場合は語句を見て選びなさい）

☐ (1)	ア (に) 触れる　イ を雇う ウ (を) 注文する	🎧 order	ウ (0007)
☐ (2)	ア 勝利　イ 野菜　ウ 音量	🎧 vegetable	イ (0051)
☐ (3)	ア (台所から出る) 生ゴミ イ 知識　ウ イメージ	🎧 garbage	ア (0064)
☐ (4)	ア 返事をする　イ 心配する ウ 手を振る	🎧 worry	イ (0015)
☐ (5)	ア 教育　イ 状況　ウ 世代	🎧 situation	イ (0052)
☐ (6)	ア 友好的な　イ 新鮮な ウ 外国の	🎧 foreign	ウ (0085)
☐ (7)	ア 進路を変える　イ 隠れる ウ 溶ける	🎧 turn	ア (0021)
☐ (8)	ア 場所　イ 人口　ウ 情報	🎧 information	ウ (0048)
☐ (9)	ア 呼吸する　イ 成長する ウ 鳴る	🎧 grow	イ (0023)
☐ (10)	ア 落ち着いた　イ 澄んだ ウ 接近した	🎧 close	ウ (0081)

2 音声を聞いて語句の意味を**ア〜エ**から選びなさい。
（音声が聞けない場合は語句を見て選びなさい）

ア を案内する **イ** (費用)がかかる **ウ** を傷つける **エ** を建てる	☐ (1) 🎧 cost	**イ** (0020)
	☐ (2) 🎧 guide	**ア** (0039)
	☐ (3) 🎧 hurt	**ウ** (0030)
	☐ (4) 🎧 build	**エ** (0014)

3 音声を聞いて（　　　）に適切なものを答えなさい。
（音声が聞けない場合は語句を見て答えなさい）

☐ (1) （外に出ず）（　　　）いる	🎧 stay <u>inside</u> 屋内に (0098)
☐ (2) （　　　）, ちょっと手伝って。	🎧 Give me a hand, <u>honey</u>. あなた (0049)
☐ (3) （　　　）布の袋を使う	🎧 use cloth bags <u>instead</u> 代わりに (0090)
☐ (4) （　　　）を守る	🎧 protect the <u>environment</u> 自然環境 (0070)
☐ (5) その（　　　）によると	🎧 according to the <u>passage</u> パッセージ (0053)
☐ (6) ばかな（　　　）をする	🎧 make a silly <u>excuse</u> 言い訳 (0045)

1 次の各文の（　　）に適する語句を**ア〜カ**から選びなさい。

☐ 〔1〕 Who (　　) where you will go with her?　　　エ (0018)

君が彼女とどこに行くかなんて誰が気にするだろうか。

☐ 〔2〕 I'm not hungry. I'd like a cup of coffee,
(　　).　　　ウ (0093)

空腹ではありませんが，コーヒーを1杯いただきます。

☐ 〔3〕 He (　　) the door open.　　　ア (0005)

彼はドアを開けたままにしておいた。

☐ 〔4〕 Check everything with your (　　) eyes.　　　カ (0082)

あなた自身の目ですべてを確認してください。

☐ 〔5〕 Have you finished your homework (　　)?　　　オ (0096)

宿題はもう終わりましたか。

☐ 〔6〕 The band held a concert (　　).　　　イ (0089)

そのバンドは野外でコンサートを開いた。

ア left	イ outside	ウ though	エ cares
オ yet	カ own		

2 次の各文の（　　　）に適する語句を**ア**〜**エ**から選びなさい。

☐ [1] I was (　　　) at the news.　　　　　　　　　　ア (0032)

私はその知らせに驚いた。

　ア surprised　　　　　　　　**イ** attacked
　ウ confused　　　　　　　　 **エ** disappointed

☐ [2] I (　　　) him help.　　　　　　　　　　　　　エ (0041)

私は彼に援助を申し出た。

　ア appreciated　　　　　　　**イ** divided
　ウ forced　　　　　　　　　　**エ** offered

☐ [3] I'll take care of the children (　　　) you are　ア (0100)
 away.

あなたが留守の間，私が子供たちの面倒を見ましょう。

　ア while　　　　　　　　　　 **イ** unless
　ウ whenever　　　　　　　　 **エ** although

☐ [4] (　　　) me use the computer.　　　　　　　　イ (0001)

私にそのコンピュータを使わせてください。

　ア Lend　　 **イ** Let　　 **ウ** Access　 **エ** Manage

☐ [5] I (　　　) the alarm clock for six.　　　　　　エ (0035)

私は目覚まし時計を6時に合わせた。

　ア lifted　　 **イ** fit　　 **ウ** hit　　 **エ** set

☐ [6] He took a (　　　) trip to New York yesterday.　ウ (0066)

彼は昨日ニューヨークへ出張した。

　ア semester　　　　　　　　 **イ** highway
　ウ business　　　　　　　　　**エ** workplace

☐ [7] I (　　　) meeting her somewhere.　　　　　　ウ (0042)

私は彼女とどこかで会ったのを覚えている。

　ア appear　　　　　　　　　 **イ** imagine
　ウ remember　　　　　　　　 **エ** realize

☐ [8] This machine (　　　) sunlight into energy.　　イ (0012)

この機械は太陽光をエネルギーに変える。

　ア solves　 **イ** changes　 **ウ** removes　**エ** slides

1 次の語句の意味を**ア**~**エ**から選びなさい。

□ (1) add	ア をつなぐ　イ を加える ウ を受け入れる　エ (賞など)を与える		イ (0113)
□ (2) throw	ア を描写する　イ (を)投げる ウ (を)報道する　エ を(布などで)ふく		イ (0134)
□ (3) paint	ア にペンキを塗る イ (を)印刷する ウ を形作る エ のふりをする		ア (0105)
□ (4) through	ア ~を除いては　イ ~の方へ ウ ~を通って　エ ~以内で		ウ (0200)
□ (5) wild	ア 恐ろしい　イ (範囲や幅が)広い ウ 本当の　エ 野生の		エ (0184)
□ (6) firefighter	ア 消防隊員　イ 買い物客 ウ クラゲ　エ ダイバー		ア (0173)
□ (7) nature	ア 幸運　イ 革 ウ 自然　エ 誇り		ウ (0170)
□ (8) price	ア 比率　イ 価格 ウ 場面　エ 用地		イ (0166)
□ (9) space	ア 信号　イ 現実(性) ウ 宇宙　エ 休止		ウ (0155)
□ (10) market	ア 市場　イ 話題 ウ 宮殿　エ 代理店		ア (0163)
□ (11) section	ア (課せられた)仕事 イ 額縁 ウ 瞬間 エ (新聞・雑誌などの)欄		エ (0165)

22

□ (12) land	ア 芝生 イ 陸地 ウ 気候 エ 液体	イ (0152)
□ (13) chance	ア 陳述 イ 影響 ウ 機会 エ 状態	ウ (0143)

2 次の語句と反対の意味を持つ語句を**ア〜エ**から選びなさい。

□ (1) true	⇔ （　　）	ウ (0181)
□ (2) past	⇔ （　　）	イ (0186)
□ (3) dangerous	⇔ （　　）	ア (0183)
□ (4) healthy	⇔ （　　）	エ (0180)

ア safe　イ present　ウ false　エ unhealthy

23

1 次の語句の意味を**ア~エ**から選びなさい。

☐ (1) collect	ア を開発する　　イ (を)約束する ウ を集める　　　エ (を)押す		ウ (0104)
☐ (2) follow	ア についていく　　イ を分ける ウ を救助する　　　エ に警告する		ア (0116)
☐ (3) fair	ア 化学製品　　イ 搭乗 ウ 祝辞　　　　エ 見本市		エ (0164)
☐ (4) miss	ア を下げる イ がいなくて寂しく思う ウ を制限する エ のままである		イ (0119)
☐ (5) nowadays	ア いつでも　　イ 直ちに ウ 今日では　　エ 結局(は)		ウ (0195)
☐ (6) product	ア 距離　　イ 技術 ウ 利益　　エ 製品		エ (0149)
☐ (7) neighbor	ア 市長　　　イ 隣人 ウ 弁護士　　エ 喫煙者		イ (0177)
☐ (8) afraid	ア (…ではないかと)心配して イ 隠された ウ 怒って エ (その)次の		ア (0182)
☐ (9) meal	ア 癖　　イ 思い出 ウ 食事　エ 詳細		ウ (0150)
☐ (10) rent	ア を横たえる イ を借りる ウ をスイッチで切り替える エ を遅らせる		イ (0122)

□ (11) relax 　　ア くつろぐ 　　イ 航海する 　　ア (0112)
　　　　　　　　ウ 減少する 　　エ 頼る

2 下線部の語句の意味を**ア〜ウ**から選びなさい。

□ (1) **notice** a serious error 　　　　　　　　　　イ (0135)
　　ア を無視する 　イ に気づく 　ウ について議論する

□ (2) a well-known **fact** 　　　　　　　　　　　　ウ (0167)
　　ア 記事 　　　イ 方法 　　　ウ 事実

□ (3) learn a useful **skill** 　　　　　　　　　　　イ (0145)
　　ア 治療 　　　イ 技術 　　　ウ 考え

□ (4) keep the **rules** 　　　　　　　　　　　　　ア (0169)
　　ア 規則 　　　イ 秘密 　　　ウ 価値

□ (5) **pass** the test 　　　　　　　　　　　　　　ア (0118)
　　ア に合格する 　イ に不合格になる 　ウ を邪魔する

□ (6) **recommend** a good book 　　　　　　　　　ウ (0120)
　　ア を出版する 　イ を翻訳する 　ウ を推薦する

□ (7) The singer has been popular **recently**. 　イ (0194)
　　ア 非常に 　　イ 最近 　　　ウ 実は

□ (8) in **perfect** condition 　　　　　　　　　　ア (0189)
　　ア 完全な 　　イ 未加工の 　ウ いつもの

□ (9) give a **prize** 　　　　　　　　　　　　　　ウ (0162)
　　ア 材料 　　　イ ダイヤモンド 　ウ 賞

訳 (1) 重大な誤りに気づく (2) よく知られた事実 (3) 役に立つ技術を学ぶ (4) 規則を守る
(5) テストに合格する (6) 良い本を推薦する (7) その歌手は最近人気がある。 (8) 完全な状態で
(9) 賞を与える

1 次の語句の意味を**ア**～**エ**から選びなさい。

☐ (1) husband	ア 登場人物	イ 専門家		エ (0175)
	ウ 大人	エ 夫		
☐ (2) explain	ア を展示する	イ (を)説明する		イ (0129)
	ウ (を)観察する	エ を含む		
☐ (3) wheel	ア 車輪	イ (紙などを)巻いたもの		ア (0148)
	ウ 計算機	エ 枝		
☐ (4) reservation	ア 卒業			ウ (0154)
	イ 招待			
	ウ (部屋・切符などの)予約			
	エ 状況			
☐ (5) bake	ア (を)貼りつける	イ を詰め込む		ウ (0124)
	ウ (パンなど)を焼く	エ (を)つづる		
☐ (6) gate	ア 映写機	イ 門		イ (0179)
	ウ 棒	エ 大通り		
☐ (7) grade	ア 成績	イ (学生の課される)レポート		ア (0160)
	ウ 努力	エ 底		
☐ (8) flight	ア 角度	イ 予定(表)		エ (0147)
	ウ 予報	エ 定期航空便		
☐ (9) visitor	ア 支配人	イ 訪問者		イ (0140)
	ウ 助手	エ 家庭教師		
☐ (10) copy	ア (の)写しを取る			ア (0106)
	イ ぴかっと光る			
	ウ (外見・性質などが)に似ている			
	エ くっつく			
☐ (11) taste	ア を導く	イ を選ぶ		ウ (0101)
	ウ の味がする	エ の重さがある		

2 下線部の語句の意味を答えなさい。

☐ (1) an **orchestra** concert
　　（　　　）のコンサート

オーケストラ
(0178)

☐ (2) **prepare** food and water for an emergency
　　非常事態に備えて食料と水（を　　　）

を準備する
(0125)

☐ (3) download an app onto your **smartphone**
　　アプリをあなたの（　　　）にダウンロードする

スマートフォン
(0159)

☐ (4) move into a new **apartment**
　　新しい（　　　）に引っ越す

アパート (0156)

☐ (5) hide it in a **safe** place
　　それを（　　　）場所に隠す

安全な (0185)

☐ (6) go shopping at a **mall**
　　（　　　）に買い物に行く

ショッピング
モール (0158)

☐ (7) **design** a wedding dress
　　ウェディングドレス（を　　　）

をデザインする
(0115)

☐ (8) a basket made of **plastic**
　　（　　　）製のかご

プラスチック
(0142)

☐ (9) a **successful** businessperson
　　（　　　）事業家

成功した (0188)

☐ (10) **suggest** studying together
　　一緒に勉強すること（を　　　）

を提案する
(0111)

1 音声を聞いて語句の意味を**ア~エ**から選びなさい。
（音声が聞けない場合は語句を見て選びなさい）

> ア 衣服
> イ 結果
> ウ （一般に）人
> エ 地域

☐ (1)	🎧 area	エ (0139)
☐ (2)	🎧 person	ウ (0174)
☐ (3)	🎧 clothes	ア (0141)
☐ (4)	🎧 result	イ (0136)

2 音声を聞いて語句の意味を**ア~ウ**から選びなさい。
（音声が聞けない場合は語句を見て選びなさい）

☐ (1)	ア 言及する　イ 服を着る　ウ 出現する	🎧 dress	イ (0133)
☐ (2)	ア 島　　　　イ 海岸　　ウ 住居	🎧 island	ア (0171)
☐ (3)	ア 貴重な　　イ 電気を使う　ウ 入手できる	🎧 available	ウ (0187)
☐ (4)	ア を裂く　　イ を我慢する　ウ （を）共有する	🎧 bear	イ (0127)
☐ (5)	ア レシート　イ 調理法　ウ 調査	🎧 recipe	イ (0138)
☐ (6)	ア 量　　　　イ 興味　　ウ 品目	🎧 item	ウ (0176)
☐ (7)	ア （飲食物）を出す　イ 苦しむ　ウ （を）生き残る	🎧 serve	ア (0121)

☐ (8) ア 想像（力） イ 指示 ウ 発表	🎧 presentation	ウ (0146)	

3 音声を聞いて（　　　）に適切なものを答えなさい。
　（音声が聞けない場合は語句を見て答えなさい）

☐ (1) 何か新しいもの（を　　　）	🎧 create something new を創造する (0108)
☐ (2) 問題（を　　　）	🎧 cause trouble を引き起こす (0130)
☐ (3) 高価な車（を　　　）	🎧 damage an expensive car を傷つける (0126)
☐ (4) 彼の年齢（を　　　）	🎧 guess his age を推測する (0107)
☐ (5) （　　　）を呼ぶ	🎧 call the police 警察 (0161)
☐ (6) （　　　）勉強する	🎧 study abroad 海外で (0193)
☐ (7) ホテルの部屋（を　　　）	🎧 reserve a hotel room を予約する (0114)
☐ (8) （　　　）に座る	🎧 sit in the front 前方 (0137)

1 次の各文の ( ) に適する語句を**ア〜ク**から選びなさい。

☐ (1) He must be hiding ( ).
彼はどこかに隠れているに違いない。

オ (0196)

☐ (2) My father doesn't ( ) me to stay out late.
私の父は私が遅くまで外出するのを許さない。

ク (0109)

☐ (3) Let's ( ) a welcome party for new students.
新入生のために歓迎パーティーを開催しましょう。

ア (0103)

☐ (4) My sister will ( ) to Japan next month.
姉 [妹] は来月日本に帰る予定だ。

ウ (0110)

☐ (5) Do you want anything ( )?
他に何か欲しいですか。

カ (0192)

☐ (6) Just keep going ( ) to the bright future.
明るい未来に向かってひたすら前進し続けなさい。

イ (0197)

☐ (7) My father often buys ( ) online.
父はよくインターネットで商品を買う。

エ (0172)

☐ (8) You should take some ( ).
あなたは薬を飲むべきだ。

キ (0153)

| ア hold | イ forward | ウ return | エ goods |
| オ somewhere | カ else | キ medicine | ク allow |

2 次の各文の（　　　）に適する語句を**ア〜エ**から選びなさい。

☐ **(1)** I（　　　）up at seven this morning.　イ (0123)

私は今朝7時に起きた。

　ア lifted　**イ** woke　**ウ** froze　**エ** floated

☐ **(2)** Several people were（　　　）in the car accident.　ア (0132)

その自動車事故で数人の人が亡くなった。

　ア killed　**イ** fought　**ウ** retired　**エ** scared

☐ **(3)** （　　　）I'm busy, I'll go.　ア (0198)

忙しいけれど行きます。

　ア Although　　　　**イ** Unless
　ウ Whenever　　　　**エ** Unlike

☐ **(4)** My room is（　　　）with books.　エ (0131)

私の部屋は本でいっぱいだ。

　ア hung　　　　　　**イ** combined
　ウ grilled　　　　　**エ** filled

☐ **(5)** My father works in the sales（　　　）.　ウ (0168)

私の父は営業部で働いている。

　ア equipment　　　　**イ** advantage
　ウ department　　　　**エ** campus

☐ **(6)** He（　　　）to be sick.　ア (0128)

彼は病気のようだ。

　ア seems　**イ** wonders　**ウ** agrees　**エ** expects

☐ **(7)** They are taking care of dogs（　　　）homes.　イ (0199)

彼らは家のない犬の世話をしている。

　ア within　　　　　　**イ** without
　ウ afterward　　　　**エ** outdoors

☐ **(8)** A wooden bridge costs（　　　）to build than an iron bridge.　エ (0190)

木製の橋は鉄製の橋より建設費用が安い。

　ア further　**イ** perhaps　**ウ** rarely　**エ** less

1 次の語句の意味を**ア**～**エ**から選びなさい。

☐ (1) marry	ア を測定する ウ と結婚する	イ をひどく嫌う エ を遅らせる	ウ (0210)
☐ (2) feed	ア に食べ物を与える ウ に接近する	イ を達成する エ を含む	ア (0217)
☐ (3) lately	ア 運良く ウ 突然	イ まっすぐに エ 最近	エ (0299)
☐ (4) planet	ア 小さな点 ウ 惑星	イ 首都 エ 熱	ウ (0277)
☐ (5) frozen	ア 男女混合の ウ 独特の	イ 凍った エ 平らな	イ (0290)
☐ (6) century	ア 1世紀 ウ 国家	イ 目標 エ 英雄	ア (0239)
☐ (7) million	ア 10億 ウ 100万	イ 世代 エ 論評	ウ (0247)
☐ (8) wallet	ア 重さ イ ハンドバッグ ウ 像 エ (二つ折りの)財布		エ (0272)
☐ (9) protect	ア を支持する ウ を保護する	イ を供給する エ と主張する	ウ (0213)
☐ (10) dessert	ア 砂漠 ウ ダイエット	イ 風景 エ デザート	エ (0240)
☐ (11) charity	ア 講義 ウ 機会	イ 避難所 エ 慈善(事業)	エ (0246)

□ (12) **health**	ア 国籍	イ 健康（なこと）	イ (0259)
	ウ 幸福	エ 診療所	
□ (13) **human**	ア 生きている	イ 自立した	ウ (0283)
	ウ 人間の	エ 太った	
□ (14) **loud**	ア （声や音が）大きい		ア (0292)
	イ 緊張を強いる		
	ウ （座席などが）禁煙の		
	エ 地元の		

2 次の語句と反対の意味を持つ語句を**ア〜エ**から選びなさい。

□ (1) **similar**	⇔	（　　　）	イ (0287)
□ (2) **cheap**	⇔	（　　　）	ア (0284)
□ (3) **part-time**	⇔	（　　　）	ウ (0288)
□ (4) **professional**	⇔	（　　　）	エ (0286)

ア expensive　イ different　ウ full-time　エ amateur

1 次の語句の意味を**ア~エ**から選びなさい。

□ (1) accident	ア 主要道路 ウ 反対	イ 頭痛 エ 事故	エ (0279)
□ (2) central	ア いくつかの ウ 電子の	イ 古代の エ 中心（部）の	エ (0291)
□ (3) rest	ア 午前0時 ウ 階級	イ 休み エ うわさ	イ (0266)
□ (4) score	ア 比率 ウ 得点	イ 称賛 エ プライド	ウ (0264)
□ (5) introduce	ア を紹介する ウ を後悔する	イ に言及する エ を閉じ込める	ア (0206)
□ (6) bite	ア （太陽などが）昇る イ （を）噛む ウ （犬などが）ほえる エ （を）復習する		イ (0221)
□ (7) suit	ア スーツ ウ 種	イ スタッフ エ 宇宙	ア (0262)
□ (8) receive	ア を要請する ウ を達成する	イ を摘む エ を受け取る	エ (0214)
□ (9) playground	ア （健康のための）運動 イ 城 ウ 遊び場 エ 競争		ウ (0276)
□ (10) smell	ア （を）気にする イ のにおいがする ウ （ホームページなどを）見て回る エ を揺らす		イ (0204)

2 下線部の語句の意味をア〜ウから選びなさい。

☐ (1) a **traditional** way of life 　　　　　　イ (0281)
　　ア 現代の　　　イ 伝統的な　　ウ さまざまな

☐ (2) **announce** a new plan 　　　　　　　ア (0223)
　　ア を発表する　イ を中止する
　　ウ についてよく考える

☐ (3) colorful **wallpaper** 　　　　　　　　イ (0258)
　　ア 額縁　　　　イ 壁紙　　　　ウ 封筒

☐ (4) today's main **topic** 　　　　　　　　ウ (0271)
　　ア 訓練　　　　イ 発見　　　　ウ 話題

☐ (5) **drop** a camera 　　　　　　　　　　ウ (0202)
　　ア をふく　　　イ に触れる　　ウ を落とす

☐ (6) in all **directions** 　　　　　　　　　イ (0270)
　　ア 通路　　　　イ 方向　　　　ウ 位置

☐ (7) a tennis **match** 　　　　　　　　　　ア (0254)
　　ア 試合　　　　イ 技術　　　　ウ コーチ

☐ (8) **perform** a play 　　　　　　　　　　イ (0208)
　　ア に加わる　　イ を上演する　ウ を邪魔する

☐ (9) **hide** behind the door 　　　　　　　ア (0212)
　　ア 隠れる　　　イ 逃げる　　　ウ くっつく

☐ (10) write a **poem** 　　　　　　　　　　ウ (0241)
　　ア 記事　　　　イ 文書　　　　ウ 詩

訳 (1) 伝統的な生活様式　(2) 新しい計画を発表する　(3) はなやかな壁紙　(4) 今日の主な話題
(5) カメラを落とす　(6) すべての方向に　(7) テニスの試合　(8) 劇を上演する
(9) ドアの後ろに隠れる　(10) 詩を書く

1 次の語句の意味を**ア**~**エ**から選びなさい。

□ [1] recycle	ア を修理する イ (を)節約する ウ を取り換える エ (を)再生利用する	エ (0207)
□ [2] community	ア 自然環境　　イ コミュニティー ウ 活動　　　　エ サービス	イ (0235)
□ [3] side	ア 用地　　　　イ 角度 ウ 片側　　　　エ 影	ウ (0234)
□ [4] professor	ア (映画などの)監督 イ 教授 ウ シェフ エ 従業員	イ (0244)
□ [5] actor	ア 運動選手　　イ 作家 ウ 俳優　　　　エ 探検家	ウ (0280)
□ [6] mistake	ア 間違い　　　イ 有利な点 ウ 言い訳　　　エ 休止	ア (0249)
□ [7] finally	ア 実際に　　　イ すぐに ウ 徐々に　　　エ ついに	エ (0296)
□ [8] view	ア 雰囲気　　　イ 眺め ウ 縁　　　　　エ 笑い	イ (0267)
□ [9] guest	ア 支配人 イ 敵 ウ 助手 エ (家・ホテルなどの)客	エ (0236)
□ [10] whole	ア 平等な　　　イ 丸い ウ 全体の　　　エ 空の	ウ (0289)

2 下線部の語句の意味を答えなさい。

☐ 〔1〕 a historical **novel** 　　　歴史（　　　）	小説 (0243)
☐ 〔2〕 traditional **Russian** culture 　　　伝統的な（　　　）文化	ロシアの (0282)
☐ 〔3〕 **draw** a picture 　　　線画（を　　　）	を描く (0226)
☐ 〔4〕 cheer up a **teammate** 　　　（　　　）を励ます	チームメート (0275)
☐ 〔5〕 a good **reason** 　　　十分な（　　　）	理由 (0228)
☐ 〔6〕 **interview** a famous soccer player 　　　有名なサッカー選手（に　　　）	にインタビューする (0216)
☐ 〔7〕 a big **fan** of the music band 　　　その音楽バンドの大（　　　）	ファン (0255)
☐ 〔8〕 have a special **gift** for music 　　　音楽に特別な（　　　）がある	才能 (0265)
☐ 〔9〕 take a suit to the **cleaner's** 　　　スーツを（　　　）に持っていく	クリーニング店 (0253)
☐ 〔10〕 listen to **jazz** music 　　　（　　　）音楽を聞く	ジャズ (0269)

1 音声を聞いて語句の意味を**ア**〜**エ**から選びなさい。
(音声が聞けない場合は語句を見て選びなさい)

> ア 道具
> イ 経験
> ウ （小さな）包み
> エ 所有者

☐ (1)	🎧 owner	エ (0233)
☐ (2)	🎧 package	ウ (0274)
☐ (3)	🎧 tool	ア (0238)
☐ (4)	🎧 experience	イ (0229)

2 音声を聞いて語句の意味を**ア**〜**ウ**から選びなさい。
(音声が聞けない場合は語句を見て選びなさい)

☐ (1)	ア 素晴らしい　イ 好奇心の強い　ウ 奇術の	🎧 magic	ウ (0293)
☐ (2)	ア 木材　イ 剣　ウ （紙などを）巻いたもの	🎧 wood	ア (0227)
☐ (3)	ア パーセント　イ 計画　ウ 利益	🎧 project	イ (0245)
☐ (4)	ア （を）探検する　イ を植える　ウ を交換する	🎧 exchange	ウ (0201)
☐ (5)	ア 試供品　イ やり方　ウ （服飾・美容などの）（高級）店	🎧 salon	ウ (0278)
☐ (6)	ア 永久に　イ それゆえに　ウ 後で	🎧 therefore	イ (0298)

☐ (7) ア 科学技術　イ 写真撮影 　　ウ 人気	🔊 technology	ア (0261)
☐ (8) ア 指示　　　イ 器具　　ウ 発表	🔊 instrument	イ (0248)

3 音声を聞いて（　　　）に適切なものを答えなさい。
（音声が聞けない場合は語句を見て答えなさい）

☐ (1) 巨大な岩 (を　　　　)	🔊 <u>climb</u> a huge rock を登る (0203)	
☐ (2) (　　　) 横断旅行をする	🔊 travel across <u>Europe</u> ヨーロッパ (0260)	
☐ (3) (　　　) おいしい。	🔊 It tastes <u>pretty</u> good. なかなか (0294)	
☐ (4) (　　　) してもらう	🔊 get a <u>discount</u> 割引 (0231)	
☐ (5) 商品 (を　　　)	🔊 <u>produce</u> goods を生産する (0224)	
☐ (6) (　　　) に暮らす	🔊 live on the <u>Earth</u> 地球 (0250)	
☐ (7) 行方不明の犬を (　　　)	🔊 <u>search</u> for a missing dog 捜す (0220)	
☐ (8) 私の会社の (　　　)	🔊 a <u>co-worker</u> at my office 同僚 (0252)	

1 次の各文の（　　）に適する語句を**ア〜ク**から選びなさい。

☐ 〔1〕 He filled out the application (　　　). 彼は申し込み用紙に記入した。	**キ** (0232)
☐ 〔2〕 I know her present (　　　). 私は彼女の現住所を知っている。	**オ** (0251)
☐ 〔3〕 She decided to (　　　) him. 彼女は彼とデートすることにした。	**ア** (0205)
☐ 〔4〕 I want to (　　　) food for gold. 私は食料を金と交換したい。	**イ** (0222)
☐ 〔5〕 I checked the telephone (　　　). 私は電話代の請求書を確認した。	**エ** (0230)
☐ 〔6〕 She often takes (　　　) in class. 彼女はよく授業でメモを取る。	**ク** (0263)
☐ 〔7〕 I (　　　) a room with my sister. 私は姉 [妹] と部屋を共有している。	**ウ** (0225)
☐ 〔8〕 You should (　　　) your idea clearly. あなたは自分の考えをはっきりと表現するべきだ。	**カ** (0211)

ア date	**イ** trade	**ウ** share	**エ** bill
オ address	**カ** express	**キ** form	**ク** notes

2 次の各文の（　　　）に適する語句を**ア**〜**エ**から選びなさい。

☐ (1) The (　　　) said that everyone must follow the new rule.　　　**ウ** (0242)

政府は誰もがその新しい規則に従わなければならないと言った。

ア organization　　　　イ citizen
ウ government　　　　エ researcher

☐ (2) I (　　　) you were here.　　　**イ** (0209)

君がここにいればいいのになあ。

ア believe　イ wish　ウ imagine　エ trust

☐ (3) Who will be the next (　　　) of the United States?　　　**エ** (0257)

次のアメリカ大統領は誰になるだろうか。

ア principal　イ officer　ウ mayor　エ President

☐ (4) (　　　), sir, what can I do for you?　　　**ア** (0295)

かしこまりました，お客さま，どのようなご用件でしょうか。

ア Certainly　　　　イ Nicely
ウ Especially　　　　エ Sincerely

☐ (5) This toy is made of many different (　　　) of wood.　　　**ウ** (0273)

このおもちゃは多くのさまざまな木片で作られている。

ア versions　イ choices　ウ pieces　エ grades

☐ (6) He (　　　) not show up at the party.　　　**ア** (0300)

彼はパーティーに姿を現さないかもしれない。

ア might　　イ should　　ウ need　　エ must

☐ (7) I visit my (　　　) every Sunday.　　　**エ** (0256)

私は毎週日曜日に祖父母を訪ねる。

ア nephew　　　　イ neighborhood
ウ boyfriend　　　　エ grandparents

☐ (8) In (　　　) case, I can't come with you.　　　**イ** (0285)

どちらの場合でも，私は君と一緒に行けない。

ア recent　　イ either　　ウ normal　　エ another

1 次の語句の意味を**ア**～**エ**から選びなさい。

☐ (1) shake	ア (を)選ぶ	イ を損なう		エ (0322)
	ウ (を)生き残る	エ を振る		
☐ (2) invention	ア 発明(品)	イ 印象		ア (0337)
	ウ 手術	エ 討論		
☐ (3) fresh	ア 目を覚まして	イ 新鮮な		イ (0383)
	ウ 音声の	エ 特別な		
☐ (4) noise	ア 詳細	イ 観衆		エ (0369)
	ウ ヘッドホン	エ 騒音		
☐ (5) push	ア に思い出させる			ウ (0321)
	イ (を)放送する			
	ウ (を)押す			
	エ を下げる			
☐ (6) nervous	ア 取り扱いの難しい			ウ (0389)
	イ 愚かな			
	ウ 緊張している			
	エ (互いに)似ている			
☐ (7) rock	ア 岩	イ 火		ア (0342)
	ウ びん	エ ダイヤモンド		
☐ (8) neighborhood	ア 田舎	イ 登場人物		エ (0339)
	ウ 選手権	エ 近所		
☐ (9) main	ア 日常の	イ 主な		イ (0382)
	ウ 男性の	エ 追加の		
☐ (10) wide	ア (範囲や幅が)広い			ア (0391)
	イ 重大な			
	ウ 接近した			
	エ 裕福な			

| □ (11) luckily | ア 驚くほど　　イ 正確に
ウ 運良く　　　エ その上 | ウ (0397) |
| □ (12) truck | ア 定期航空便　イ 線路
ウ 工場　　　　エ トラック | エ (0353) |

2 次の語句と反対の意味を持つ語句を**ア〜オ**から選びなさい。

□ (1) careful	⇔	(　　)	ウ (0374)
□ (2) boring	⇔	(　　)	エ (0385)
□ (3) friendly	⇔	(　　)	イ (0377)
□ (4) elementary	⇔	(　　)	オ (0392)
□ (5) public	⇔	(　　)	ア (0375)

> ア private　イ unfriendly　ウ careless　エ interesting　オ advanced

3 次の語句と似た意味を持つ語句を**ア〜ウ**から選びなさい。

□ (1) discover	≒	(　　)	イ (0311)
□ (2) enter	≒	(　　)	ア (0328)
□ (3) stand	≒	(　　)	ウ (0301)

> ア come into　イ find out　ウ put up with

1 次の語句の意味を**ア〜エ**から選びなさい。

☐ (1) officer	ア 警官 ウ 航空会社	イ 店員 エ 専門家	ア (0340)
☐ (2) kid	ア 材料 ウ 犯罪	イ 娯楽 エ 子供	エ (0335)
☐ (3) colorful	ア 価値がある ウ 澄んだ	イ 色彩豊かな エ おいしい	イ (0386)
☐ (4) ant	ア アリ ウ 地域	イ 門 エ 品目	ア (0366)
☐ (5) flavor	ア 食事 ウ 味	イ 薬 エ 苦痛	ウ (0355)
☐ (6) promise	ア (を)約束する ウ (を)練習する	イ を元気づける エ を招待する	ア (0303)
☐ (7) shape	ア (時計の目盛りなど)を合わせる イ を主催する ウ を分ける エ を形作る		エ (0314)
☐ (8) center	ア 句 ウ 中心	イ 入り口 エ カウンター	ウ (0331)
☐ (9) print	ア を防ぐ ウ を展示する	イ (を)印刷する エ (を)観察する	イ (0315)
☐ (10) scary	ア 騒々しい ウ 恐ろしい	イ 塩辛い エ 平方の	ウ (0387)

2 下線部の語句の意味を**ア**〜**ウ**から選びなさい。

☐ (1) wait for that **moment** ア 情報　　イ 発表　　ウ 瞬間	ウ (0341)
☐ (2) the **discovery** of a new planet ア 調査　　イ 発見　　ウ 状態	イ (0358)
☐ (3) a **convenient** tool ア 便利な　イ 木製の　ウ 真新しい	ア (0390)
☐ (4) **realize** the importance of life ア を描写する　イ を忘れる　ウ を悟る	ウ (0317)
☐ (5) buy some **groceries** ア 衣服　　イ 家具　　ウ 食料雑貨	ウ (0348)
☐ (6) check the information **carefully** ア 直ちに　イ 注意して　ウ 間違って	イ (0396)
☐ (7) **British** children ア 英国の　イ ロシアの　ウ キリスト教の	ア (0376)
☐ (8) **solve** a difficult problem ア を受け入れる　イ を解決する　ウ を選ぶ	イ (0310)
☐ (9) a dance class for **beginners** ア 大人　イ ティーンエイジャー　ウ 初心者	ウ (0361)

訳 (1) その瞬間を待つ　(2) 新しい惑星の発見　(3) 便利な道具　(4) 命の大切さを悟る
(5) 食料雑貨を買う　(6) その情報を注意して確認する　(7) 英国の子供たち
(8) 難しい問題を解決する　(9) 初心者向けのダンス教室

1 次の語句の意味を**ア~エ**から選びなさい。

☐ (1) stretch	ア 成長する	イ ストレッチをする			イ (0307)
	ウ 沈む	エ 成功する			

☐ (2) cart	ア ショッピングカート		ア (0343)
	イ カキ		
	ウ 映写機		
	エ みやげ		

☐ (3) training	ア 反応	イ テーマ		エ (0351)
	ウ トーナメント	エ 訓練		

☐ (4) license	ア 安全	イ ブランド		ウ (0334)
	ウ 免許 (証)	エ 現金		

☐ (5) schedule	ア (社会的な) 慣習		イ (0368)
	イ 予定 (表)		
	ウ 秘密		
	エ (新聞・雑誌などの) 欄		

☐ (6) snake	ア 宇宙	イ カブトムシ (の類)		ウ (0347)
	ウ ヘビ	エ 静寂		

☐ (7) ID	ア 身分証明 (書)	イ 写真複写		ア (0360)
	ウ 化学製品	エ ガソリン		

☐ (8) excellent	ア 高価な	イ 優れた		イ (0379)
	ウ 重要な	エ 落ち着いた		

☐ (9) spicy	ア 忍耐強い	イ 汚れていない		エ (0388)
	ウ 焼いた	エ ぴりっとした		

☐ (10) fee	ア 祈り		ウ (0349)
	イ (発展・生活・運動などの) 速さ		
	ウ 料金		
	エ 賞		

2 下線部の語句の意味を答えなさい。

☐ ⑴ go to watch **fireworks** — 花火 (0363)
（　　　）を見に行く

☐ ⑵ a **huge** dinosaur — 巨大な (0381)
（　　　）恐竜

☐ ⑶ **face** reality — に直面する (0313)
現実（に　　　）

☐ ⑷ attract **attention** — 注目 (0332)
（　　　）を集める

☐ ⑸ go to a **yoga** class — ヨガ (0352)
（　　　）の教室に行く

☐ ⑹ wave a **flag** — 旗 (0364)
（　　　）を振る

☐ ⑺ wait for an **elevator** — エレベーター (0372)
（　　　）を待つ

☐ ⑻ explain everything **clearly** — はっきりと (0399)
すべてを（　　　）説明する

☐ ⑼ major in **chemistry** — 化学 (0338)
（　　　）を専攻する

☐ ⑽ roast beef in the **oven** — オーブン (0359)
（　　　）で牛肉を焼く

☐ ⑾ do **housework** — 家事 (0365)
（　　　）をする

1 音声を聞いて語句の意味を**ア~ウ**から選びなさい。
（音声が聞けない場合は語句を見て選びなさい）

□ 〔1〕 ア を満たす　イ （を）撮影する　ウ （を）殺す	🎧 film	イ (0304)
□ 〔2〕 ア 危険　イ デザート　ウ 砂漠	🎧 desert	ウ (0336)
□ 〔3〕 ア 異常な　イ 入手できる　ウ いつもの	🎧 usual	ウ (0384)
□ 〔4〕 ア 販売　イ 棚　ウ 避難所	🎧 shelf	イ (0371)
□ 〔5〕 ア 観光客　イ 家庭教師　ウ 見学	🎧 tourist	ア (0330)
□ 〔6〕 ア 欠点　イ 予報　ウ 森林 (地帯)	🎧 forest	ウ (0354)
□ 〔7〕 ア 狭い　イ 近くの　ウ 自然の	🎧 nearby	イ (0380)
□ 〔8〕 ア 車輪　イ 気候　ウ 重さ	🎧 weight	ウ (0356)

2 音声を聞いて語句の意味を**ア~エ**から選びなさい。
（音声が聞けない場合は語句を見て選びなさい）

ア を続ける			
イ …かなと思う	□ 〔1〕	🎧 communicate	エ (0329)
ウ を改良する	□ 〔2〕	🎧 continue	ア (0312)
エ 意思を通じ合う	□ 〔3〕	🎧 improve	ウ (0326)
	□ 〔4〕	🎧 wonder	イ (0318)

3 音声を聞いて（　　　）に適切なものを答えなさい。
（音声が聞けない場合は語句を見て答えなさい）

☐ (1) あなたの考えに（　　　）	🔊 <u>agree</u> with your idea 賛成する (0323)
☐ (2) （　　　）遊ぶ	🔊 play <u>outdoors</u> 屋外で (0398)
☐ (3) ひどい（　　　）をしている	🔊 have a bad <u>cough</u> せき (0362)
☐ (4) 結婚記念日 (を　　　)	🔊 <u>celebrate</u> a wedding anniversary を祝う (0306)
☐ (5) 綱 (を　　　)	🔊 <u>pull</u> a rope を引く (0320)
☐ (6) （　　　）そこを訪れたことがある。	🔊 I have visited it <u>once</u>. 一度 (0393)
☐ (7) 特別なシステム (を　　　)	🔊 <u>develop</u> a special system を開発する (0309)

1 次の各文の（　　　）に適する語句を**ア〜ク**から選びなさい。

☐ **(1)** Let's have a picnic on the (　　　).
　　芝生の上でピクニックをしようよ。　　　　　　　　　**キ** (0344)

☐ **(2)** The married (　　　) saved a lot of money.
　　その夫婦はたくさんのお金を貯めた。　　　　　　　　**カ** (0333)

☐ **(3)** The road was (　　　) with snow.
　　道路は雪で覆われていた。　　　　　　　　　　　　　**イ** (0308)

☐ **(4)** What does the word (　　　)?
　　その言葉は何を意味しますか。　　　　　　　　　　　**エ** (0324)

☐ **(5)** The dog is lying on the (　　　).
　　その犬は地面に寝そべっている。　　　　　　　　　　**ウ** (0367)

☐ **(6)** Many animals (　　　) of this disease.
　　多くの動物がこの病気で死んだ。　　　　　　　　　　**ク** (0319)

☐ **(7)** The hospital will increase the number of
　　medical (　　　).
　　その病院は医療スタッフの数を増やすだろう。　　　　**オ** (0346)

☐ **(8)** Tell me the story, if you don't (　　　).
　　もし嫌でなければ話を聞かせてください。　　　　　　**ア** (0325)

ア mind	**イ** covered	**ウ** ground	**エ** mean
オ staff	**カ** couple	**キ** grass	**ク** died

2 次の各文の（　　　）に適する語句を**ア**～**エ**から選びなさい。

☐ (1) His （　　　） language is English.　　　　　　　　イ (0378)

彼の母語は英語である。

ア unique　　**イ** native　　**ウ** hidden　　**エ** past

☐ (2) There are a lot of small islands in the （　　　）　　ア (0373)
Ocean.

太平洋には小さな島々が多くある。

ア Pacific　　　　　　　　**イ** giant
ウ international　　　　　**エ** Atlantic

☐ (3) They （　　　） won the game.　　　　　　　　　　ウ (0395)

彼らはその試合にもう少しで勝つところだった。

ア indeed　　**イ** poorly　　**ウ** almost　　**エ** originally

☐ (4) Could you （　　　） me some money?　　　　　　イ (0316)

私にお金をいくらか貸していただけませんか。

ア lead　　　**イ** lend　　　**ウ** require　　**エ** borrow

☐ (5) She went to her favorite （　　　） store with her　　ウ (0350)
friends last weekend.

彼女は先週末に友達とお気に入りの洋服店へ行った。

ア scarf　　**イ** uniform　　**ウ** clothing　　**エ** blanket

☐ (6) Students competed （　　　） each other fairly in　　エ (0400)
the tournament.

生徒たちはその試合でお互いに正々堂々と競い合った。

ア toward　　**イ** without　　**ウ** through　　**エ** against

☐ (7) There are several （　　　） lines in New York.　　エ (0357)

ニューヨークにはいくつかの地下鉄路線がある。

ア highway　**イ** coast　　　**ウ** metal　　**エ** subway

☐ (8) I can't walk （　　　）.　　　　　　　　　　　　イ (0394)

私はこれ以上歩けない。

ア upstairs　**イ** anymore　**ウ** anywhere　**エ** anyway

次の (1) から (22) までの (　　　) に入れるのに最も適切なものを **1**, **2**, **3**, **4** の中から一つ選びなさい。

☐ **(1)** A double room at the Star Hotel costs $150. This price (　　　) breakfast and dinner at the new French restaurant.

1 prepares　　　　　**2** receives
3 includes　　　　　**4** selects

3 (0327)

☐ **(2)** Last night, Tom went to see a show put on by Moore High School's Drama Club. He was surprised by its wonderful (　　　).

1 performance　　　**2** platform
3 playground　　　　**4** position

1 (0237)

☐ **(3)** *A*: Oh no! This is the third time this car has caused us (　　　).
B: I'll take it to the repair shop this afternoon.

1 network　　　　　**2** advice
3 discussion　　　　**4** trouble

4 (0067)

☐ **(4)** Emma uses Internet shopping for clothes, shoes, and accessories. She likes buying things online because her orders are always (　　　) so fast.

1 decreased　　　　**2** delivered
3 decorated　　　　**4** developed

2 (0219)

☐ (5) Sally doesn't really enjoy (   ), but she does it to keep in shape.

1 studying   **2** exercise
3 reading   **4** food

2 (0060)

☐ (6) Ami is going to see a new horror movie (   ) tonight. In fact, she asked her friends to come too, but they said it looked too scary.

1 indeed   **2** alone   **3** besides   **4** rather

2 (0297)

☐ (7) *A*: Hello. I dropped my smartphone this morning and broke the screen. Can you (   ) it?
B: Yes, but it'll take about three days. We are very busy at the moment.

1 lay   **2** tear   **3** fix   **4** bite

3 (0102)

☐ (8) Every summer, Miss Gonzalez drives to the coast to stay with family. It normally takes three hours, but this year it took eight because there was so much (   ).

1 harvest   **2** rush   **3** control   **4** traffic

4 (0345)

☐ (9) Beth and Lilly climbed a tall mountain for many hours and finally (   ) the top. They had lunch there and enjoyed the beautiful view.

1 invented   **2** gathered
3 attended   **4** reached

4 (0302)

☐ (10) Somebody (   ) Mika's new umbrella when she was buying lunch at the convenience store today. She was very sad because it was a birthday present from her classmates.

1 hung   **2** bore   **3** drew   **4** stole

4 (0215)

☐ **(11)** John is on his school basketball team. Yesterday, they all played very well and won the match ( ) with a final score of 72-14.

1 especially **2** probably
3 hardly **4** easily

4 (0191)

☐ **(12)** A cold has been going around in the class, so there were ( ) students who were in class this morning.

1 few **2** little **3** many **4** any

1 (0079)

☐ **(13)** Last week, Jack's old TV broke. He is going to save up ( ) money to buy a new one by the end of the month.

1 less **2** delicate **3** enough **4** real

3 (0076)

☐ **(14)** Nana opened her own flower shop six months ago. She always ( ) customers with her beautiful window displays.

1 attracts **2** insists
3 expresses **4** offers

1 (0117)

☐ **(15)** *A*: Honey, about our trip next month, there seems no ( ) choice but to catch the 4 a.m. flight.
B: It can't be helped. We'll just have to get up early.

1 further **2** other **3** more **4** less

2 (0072)

☐ **(16)** Julia went camping in a forest last week. She loved the flowers, birds, and trees but didn't like all the ( ).

1 statues **2** insects **3** stairs **4** knees

2 (0157)

☐ **(17)** *A*: Why is there a (　　　) of people at the station so early in the morning?

B: Oh, the trains have stopped, so there are some buses coming to take the passengers into the city.

1 weight　　**2** frame　　**3** crowd　　**4** roll

3 (0268)

☐ **(18)** Timmy saw a great bike for (　　　) at his local department store. He is going to buy it with the money from his part-time job.

1 sale　　**2** rental　　**3** note　　**4** penalty

1 (0144)

☐ **(19)** *A*: I love the color and design of this blouse, but it doesn't (　　　).

B: Why don't you ask the staff if they have any other sizes?

1 fit　　**2** spill　　**3** cost　　**4** measure

1 (0305)

☐ **(20)** Jenny and her classmates planted some tomato (　　　) in their school garden. They are looking forward to eating a delicious salad very soon.

1 states　　**2** sketches　　**3** shadows　　**4** seeds

4 (0151)

☐ **(21)** The picnic was canceled because of the (　　　). It will be changed to a new date after the planners have checked the weather forecast.

1 habit　　**2** storm　　**3** recipe　　**4** fact

2 (0370)

☐ **(22)** Colds and flu can (　　　) very quickly between people. It is important to wash your hands regularly and stay home if you are sick.

1 breath　　**2** spread　　**3** wipe　　**4** melt

2 (0218)

(1) スターホテルのダブルルームは150ドルかかる。その価格は新しいフレンチレストランでの朝食と夕食を**含んでいる**。

(2) 昨夜，トムはムーア高校演劇部による公演を見に行った。彼はすばらしい**演技**に驚いた。

(3) Ａ：ああ，何てことだ！　この車が**トラブル**を起こすのは3回目だ。
　　Ｂ：午後に修理店へ車を持って行くよ。

(4) エマは服や靴，アクセサリーの買い物にインターネットを使う。彼女は注文したものがいつも迅速に**配達される**のでオンラインで物を買うのが好きだ。

(5) サリーはあまり**運動**を楽しんでいないが，体型を維持するためにそれを行っている。

(6) アミは今夜，新しいホラー映画を**1人で**見に行くつもりだ。実は，彼女は友達にも来るよう頼んだが，彼らはその映画はあまりにも怖そうだと言った。

(7) Ａ：こんにちは。今朝スマートフォンを落とし，画面が壊れてしまいました。それ**を修理する**ことはできますか。
　　Ｂ：はい，ですが3日ほどかかります。いまとても忙しくて。

(8) 毎年夏に，ゴンザレスさんは家族と過ごすために沿岸地方へドライブする。通常は3時間かかるが，今年は**交通量**が非常に多かったため8時間かかった。

(9) ベスとリリーは何時間にもわたって高い山を登り，ついに頂上**に到着した**。彼らはそこで昼食を食べ，美しい眺めを楽しんだ。

(10) 今日，ミカがコンビニエンスストアで昼食を買っているとき，誰かがミカの新しい傘**を盗んだ**。それはクラスメートからの誕生日プレゼントだったため彼女はとても悲しかった。

(11) ジョンは学校のバスケットボール部に所属している。昨日，彼らはみんなとてもよくプレーして72対14の最終得点で**簡単に**その試合に勝った。

(12) クラスで風邪が流行っているため，今朝授業に出た生徒は**ほとんどいなかった**。

(13) 先週末，ジャックの古いテレビが壊れてしまった。彼は今月末までに新しいものを買うのに**十分な**お金を貯めるつもりだ。

(14) ナナは6か月前に花屋を開店した。彼女はいつも美しい窓の陳列で**客の心をとらえている**。

(15) Ａ：あなた，私たちの来月の旅行についてだけど，午前4時の航空便に乗る以外，**他の選択肢**はなさそうよ。
　　Ｂ：仕方ないね。早起きしなくては。

(16) ジュリアは先週，森にキャンプをしに行った。彼女は花や鳥，木々がとても気に入ったが，**虫**はすべて好きではなかった。

(17) Ａ：こんな朝早くに駅に**大勢**の人がいるのはどうして？
　　Ｂ：ああ，電車が止まって，それで乗客を市まで乗せるバスが何台か来るところなんだよ。

(18) ティミーは地元のデパートですばらしい自転車が**販売されている**のを見た。彼はアルバイトで稼いだお金でそれを買うつもりだ。

(19) Ａ：このブラウスの色とデザインは気に入ったんだけど，**ぴったり合わ**ないのよ。
　　Ｂ：店員さんに他の大きさがあるか聞いてみたらどう？

(20) ジェニーと彼女のクラスメートはトマトの種を学校の庭に植えた。彼らはじきにおいしいサラダを食べることを楽しみにしている。

(21) ピクニックは嵐のために中止になった。企画者が天気予報を確認したあと，新たな日程に変更されるだろう。

(22) 風邪やインフルエンザは人々の間でとてもはやく**広がる**。定期的に手を洗い，具合が悪いなら家にいることが大切だ。

単語編

よくでる重要単語 • **400**

1 次の語句の意味を**ア~エ**から選びなさい。

☐ (1) hire	ア を傷つける ウ を摘む	イ を雇う エ を集める	イ (0423)
☐ (2) director	ア 訪問者 ウ (映画などの) 監督	イ 弁護士 エ 政治家	ウ (0437)
☐ (3) career	ア 試供品 ウ (作物の) 収穫	イ 職業 エ ボーナス	イ (0455)
☐ (4) goal	ア 価値 ウ 競走	イ 情報 エ 目標	エ (0456)
☐ (5) campus	ア 城 イ 標識 ウ (大学・高校などの) キャンパス エ 機会		ウ (0468)
☐ (6) common	ア 共通の ウ 本当の	イ 接近した エ 正確な	ア (0474)
☐ (7) connect	ア に鍵をかける ウ をつなぐ	イ を暗記する エ を包む	ウ (0401)
☐ (8) hug	ア を要請する イ (子供) の世話をする ウ を編む エ (人など) を抱き締める		エ (0419)
☐ (9) research	ア 液体 ウ 賃貸しすること	イ 調査 エ 研究者	イ (0430)
☐ (10) shopper	ア (列車・飛行機・船などの) 乗客 イ 買い物客 ウ 見学 エ 大多数		イ (0436)

☐ (11) behind	ア 〜と異なって　　イ 〜を越えて ウ 〜の後ろに　　　エ 〜を通って	ウ (0498)
☐ (12) normal	ア 個人の　　　　　イ 薄い ウ 精通して　　　　エ 普通の	エ (0482)

2 次の語句と反対の意味を持つ語句を**ア〜オ**から選びなさい。

☐ (1) gain	⇔ （　　　）	イ (0412)
☐ (2) bright	⇔ （　　　）	ウ (0488)
☐ (3) national	⇔ （　　　）	エ (0476)
☐ (4) least	⇔ （　　　）	ア (0481)
☐ (5) asleep	⇔ （　　　）	オ (0484)

　ア most　イ lose　ウ dark　エ local　オ awake

3 次の語句と似た意味を持つ語句を**ア〜ウ**から選びなさい。

☐ (1) display	≒ （　　　）	ウ (0404)
☐ (2) discuss	≒ （　　　）	イ (0428)
☐ (3) support	≒ （　　　）	ア (0420)

　ア back up　イ talk about　ウ show

1 次の語句の意味を**ア**~**エ**から選びなさい。

☐ (1) announcement	ア アパート ウ 発表	イ 器具 エ 住所	ウ (0432)
☐ (2) amusement	ア 娯楽 ウ 眺め	イ 休み エ 話題	ア (0444)
☐ (3) downtown	ア もっと遠くに イ (町の)中心部へ ウ 屋外に エ 後で		イ (0492)
☐ (4) nearly	ア ほとんど ウ すぐに	イ 実際に エ 多分	ア (0494)
☐ (5) fail	ア を運ぶ　イ を中止する ウ を減らす　エ に不合格になる		エ (0403)
☐ (6) gallery	ア 論評 ウ 講義	イ 美術館 エ 調和	イ (0440)
☐ (7) correct	ア 普通の ウ 即時の	イ 真新しい エ 正しい	エ (0489)
☐ (8) contact	ア を表現する　イ と結婚する ウ と連絡をとる　エ を案内する		ウ (0408)
☐ (9) bother	ア を避ける イ (人)に迷惑をかける ウ に警告する エ を負かす		イ (0416)
☐ (10) mostly	ア 徐々に ウ その上	イ とにかく エ 主として	エ (0493)

2 下線部の語句の意味を**ア〜ウ**から選びなさい。

☐ (1) a serious **matter** 　ア 間違い　　イ 経験　　　ウ 問題	ウ (0446)
☐ (2) the **real** reason 　ア 本当の　　イ 反対の　　ウ 特定の	ア (0477)
☐ (3) **gather** for a party 　ア 帰る　　　イ 集まる　　ウ 服を着る	イ (0415)
☐ (4) **publish** a magazine 　ア を借りる　イ を受け取る　ウ を出版する	ウ (0425)
☐ (5) for an **emergency** 　ア 計画　　　イ 緊急事態　　ウ 試合	イ (0464)
☐ (6) the largest **jellyfish** in the world 　ア ロブスター　イ クラゲ　　ウ カキ	イ (0452)
☐ (7) **explore** a desert island 　ア を探検する　イ を保護する　ウ を発見する	ア (0406)
☐ (8) an **active** lifestyle 　ア 退屈な　　イ 典型的な　　ウ 活動的な	ウ (0485)
☐ (9) plant a tree in the **backyard** 　ア 宮殿　　　イ 裏庭　　　ウ 遊び場	イ (0463)
☐ (10) a professional **photographer** 　ア 俳優　　　イ 探検家　　ウ 写真家	ウ (0469)

訳 (1) 重大な問題　(2) 本当の理由　(3) パーティーのために集まる　(4) 雑誌を出版する
(5) 緊急事態に備えて　(6) 世界で一番大きなクラゲ　(7) 無人島を探検する
(8) 活動的な生活スタイル　(9) 裏庭に木を植える　(10) プロの写真家

1 次の語句の意味を**ア~エ**から選びなさい。

☐ (1) possible	ア 可能な ウ 公式の	イ 平等な エ 直接の	ア (0479)
☐ (2) relaxing	ア よく知られている イ 奇術の ウ 凍った エ くつろがせる		エ (0490)
☐ (3) remove	ア (を)再生利用する イ を交換する ウ (を)配達する エ を取り除く		エ (0410)
☐ (4) examination	ア 考え ウ テーマ	イ 試験 エ 説明書	イ (0429)
☐ (5) convenience	ア 反対 ウ 便利	イ 勝利 エ 想像(力)	ウ (0441)
☐ (6) hate	ア を励ます ウ を覚えている	イ をひどく嫌う エ を修理する	イ (0418)
☐ (7) screen	ア 文書 ウ コマーシャル	イ 画面 エ 縁	イ (0433)
☐ (8) principal	ア 校長 ウ 称賛	イ 人物 エ 市長	ア (0450)
☐ (9) compete	ア 進路を変える ウ 到着する	イ (偶然)起こる エ 競争する	エ (0405)
☐ (10) amount	ア 水準 ウ 量	イ 質 エ 人口	ウ (0431)

2 下線部の語句の意味を答えなさい。

☐ (1) **attack** an enemy
敵(を　　　)
を攻撃する (0426)

☐ (2) an **international** organization
(　　　)組織
国際的な (0483)

☐ (3) 30 **percent** of the citizens
市民の30(　　　)
パーセント (0453)

☐ (4) put **sauce** on the steak
ステーキに(　　　)をかける
ソース (0447)

☐ (5) **balance** work with play
仕事と遊び(の　　　)
のバランスをとる (0413)

☐ (6) go to Hawaii on a **homestay**
ハワイへ(　　　)に行く
ホームステイ (0451)

☐ (7) a shop at the **corner**
(　　　)の店
角 (0449)

☐ (8) **regular** business hours
(　　　)営業時間
通常の (0487)

☐ (9) a French **chef**
フランス料理の(　　　)
シェフ (0457)

☐ (10) enjoy a healthy **lifestyle**
健康な(　　　)を楽しむ
ライフスタイル (0454)

☐ (11) You can ask questions **anytime**.
(　　　)質問してよい。
いつでも (0496)

☐ (12) participate in the **Olympics**
(　　　)に参加する
オリンピック (0466)

1 音声を聞いて語句の意味を**ア~エ**から選びなさい。
(音声が聞けない場合は語句を見て選びなさい)

> ア (挑戦に値する) 課題
> イ 距離
> ウ 親戚
> エ 技術

□ (1) 🎧 technique	エ (0438)
□ (2) 🎧 relative	ウ (0459)
□ (3) 🎧 challenge	ア (0461)
□ (4) 🎧 distance	イ (0435)

2 音声を聞いて語句の意味を**ア~ウ**から選びなさい。
(音声が聞けない場合は語句を見て選びなさい)

□ (1) ア を分ける イ を飾る ウ を翻訳する	🎧 decorate	イ (0414)
□ (2) ア を判断する イ の味がする ウ (に) 触れる	🎧 touch	ウ (0421)
□ (3) ア 現代の イ 主な ウ 怒って	🎧 modern	ア (0473)
□ (4) ア 最近の イ いろいろな ウ 重要な	🎧 recent	ア (0480)
□ (5) ア いてつくように寒い イ 空の ウ 寂しい	🎧 lonely	ウ (0486)
□ (6) ア 貴重な イ 快適な ウ 確信して	🎧 comfortable	イ (0478)

| □ (7) | ア ～を除いては
イ ほとんど～ない
ウ ～(で)さえ | 🎧 except | ア (0497) |

3 音声を聞いて( )に適切なものを答えなさい。
(音声が聞けない場合は語句を見て答えなさい)

□ (1) クラス( )	🎧 the <u>average</u> for the class 平均 (0439)
□ (2) ( )が良い	🎧 have good <u>sight</u> 視力 (0445)
□ (3) 少し( )がある	🎧 have a slight <u>fever</u> 熱 (0467)
□ (4) ( )を洗濯機に入れる	🎧 put the <u>laundry</u> into the <u>washing machine</u> 洗濯物 (0471)
□ (5) 正確に時間(を)	🎧 <u>measure</u> time correctly を測定する (0427)
□ (6) 彼の( )に従う	🎧 take his <u>advice</u> 忠告 (0434)
□ (7) 新鮮な食料を( )で保存する	🎧 keep fresh food in the <u>refrigerator</u> 冷蔵庫 (0472)
□ (8) ( )料金	🎧 an <u>extra</u> charge 追加 (0475)
□ (9) 事業を始めるための資金 (を)	🎧 <u>raise</u> money to start a business を調達する (0407)

1 次の各文の（　　　）に適する語句を**ア〜ク**から選びなさい。

☐ (1) My score was much better than I had (　　　). 　　オ (0424)
私のスコアは想像していたよりもずっと良かった。

☐ (2) Please fill out the (　　　) form over there. 　　カ (0442)
あちらにある申し込み用紙に記入してください。

☐ (3) She wants to become an editor of a (　　　) magazine. 　　イ (0458)
彼女はファッション誌の編集者になりたいと思っている。

☐ (4) Can I pay by (　　　) card? 　　ク (0460)
クレジットカードで支払うことはできますか。

☐ (5) My grandfather (　　　) from his job ten years ago. 　　ア (0417)
私の祖父は10年前に退職した。

☐ (6) Local people are (　　　) of sharks. 　　キ (0422)
地元の人々はサメを恐れている。

☐ (7) May I ask you a (　　　)? 　　エ (0465)
お願いがあるのですが。

☐ (8) How many runners (　　　) that race? 　　ウ (0411)
何人の走者がそのレースを完走したのですか。

ア retired	イ fashion	ウ completed	エ favor
オ expected	カ application	キ scared	ク credit

2 次の各文の（　　）に適する語句を**ア**〜**エ**から選びなさい。

☐ **(1)** It rained (　　) last night.　　　　　　　　　　ウ (0495)

昨夜雨が激しく降った。

ア wrongly　　　　　　　　**イ** suddenly
ウ heavily　　　　　　　　　**エ** totally

☐ **(2)** I am (　　) to meet him at the library.　　　　　エ (0402)

私は彼と図書館で会うことになっている。

ア offered　**イ** reported　**ウ** ordered　**エ** supposed

☐ **(3)** My uncle lives in the (　　) of New York.　　　　ア (0443)

私のおじはニューヨーク州に住んでいる。

ア State　　**イ** area　　**ウ** rule　　**エ** island

☐ **(4)** She bought three (　　) of soap at the　　　　　イ (0470)
drugstore.

彼女はドラッグストアで石けんを3個買った。

ア goods　　**イ** bars　　**ウ** scores　　**エ** choices

☐ **(5)** (　　) of us knew him.　　　　　　　　　　　　イ (0500)

私たちは誰も彼を知らなかった。

ア Whoever　　　　　　　　**イ** None
ウ Either　　　　　　　　　　**エ** Another

☐ **(6)** Can you imagine the life of fish living in the　　ウ (0448)
(　　) of the sea?

あなたは海底にすむ魚の暮らしを想像できますか。

ア center　**イ** middle　**ウ** bottom　**エ** surface

☐ **(7)** I wish you good (　　).　　　　　　　　　　　エ (0462)

あなたの幸運を祈ります。

ア trend　　　　　　　　　　**イ** miracle
ウ angle　　　　　　　　　　**エ** luck

☐ **(8)** I talked to two classmates about my plan, but　　ア (0499)
(　　) of them agreed.

私は自分の計画について2人のクラスメートに話したが，2人とも賛成しなかった。

ア neither　**イ** either　**ウ** whole　**エ** total

1 次の語句の意味を**ア**〜**エ**から選びなさい。

☐ (1) weekday	ア 将来	イ 家事		**エ**(0531)
	ウ 午前0時	エ 平日		
☐ (2) afterward	ア 後で	イ 海外で		**ア**(0598)
	ウ 最近	エ (時間的に)先へ		
☐ (3) boyfriend	ア おい			**イ**(0535)
	イ 男性の恋人			
	ウ (俳優などの)役			
	エ 店員			
☐ (4) championship	ア 娯楽	イ 象徴		**エ**(0559)
	ウ 儀式	エ 選手権		
☐ (5) electric	ア 高価な	イ 危険な		**ウ**(0584)
	ウ 電気を使う	エ 成功した		
☐ (6) basic	ア 野生の	イ 公共の		**ウ**(0590)
	ウ 基本的な	エ 安い		
☐ (7) advanced	ア 初等教育の			**イ**(0593)
	イ (学問などが)上級の			
	ウ クラシックの			
	エ 簡単な			
☐ (8) danger	ア 出来事	イ 間違い		**エ**(0553)
	ウ 火	エ 危険		
☐ (9) block	ア に損傷を与える			**ウ**(0502)
	イ を我慢する			
	ウ を邪魔する			
	エ を勝ち取る			
☐ (10) press	ア (を)押す	イ を植える		**ア**(0511)
	ウ (を)引く	エ (を)節約する		

| □ (11) debate | ア 演技　　　イ 討論
ウ 発表　　　エ 詩 | イ (0566) |
| □ (12) daily | ア 必要な　　イ 日常の
ウ 常勤の　　エ 静かな | イ (0586) |

2 次の語句と反対の意味を持つ語句を**ア〜エ**から選びなさい。

□ (1) safety	⇔	(　　)	エ (0525)
□ (2) harmful	⇔	(　　)	イ (0583)
□ (3) success	⇔	(　　)	ア (0524)
□ (4) male	⇔	(　　)	ウ (0592)

> ア failure　イ harmless　ウ female　エ danger

1 次の語句の意味を**ア～エ**から選びなさい。

☐ (1) fight	ア 広がる	イ 捜す			ウ (0521)
	ウ 戦う	エ 引退する			
☐ (2) dentist	ア 歯科医	イ 消防隊員			ア (0568)
	ウ 教授	エ パン屋			
☐ (3) elderly	ア 年輩の	イ 適した			ア (0581)
	ウ 寂しい	エ 通常の			
☐ (4) lay	ア を制限する	イ を元気づける			エ (0501)
	ウ を推測する	エ を横たえる			
☐ (5) closet	ア プラスチック	イ クローゼット			イ (0560)
	ウ 製品	エ 薬			
☐ (6) spot	ア 片側	イ 注目			ウ (0528)
	ウ 小さな点	エ 見本市			
☐ (7) trick	ア 手品	イ 科学技術			ア (0537)
	ウ 才能	エ 発明(品)			
☐ (8) factory	ア コミュニティー				イ (0541)
	イ 工場				
	ウ (服飾・美容などの)(高級)店				
	エ 家具				
☐ (9) journey	ア 方向	イ 旅行			イ (0565)
	ウ 惑星	エ 航空会社			
☐ (10) hunt	ア 滑り下りる	イ 姿を消す			エ (0503)
	ウ 返事をする	エ 探し求める			

2 下線部の語句の意味を**ア〜ウ**から選びなさい。

☐ (1) **quit** smoking　　　　　　　　　　　　　　　イ (0515)
　　ア を宣伝する　イ をやめる　　ウ を落とす

☐ (2) buy a new **battery**　　　　　　　　　　　　ウ (0544)
　　ア 商品　　　　イ プリンター　ウ 電池

☐ (3) be scared of **spiders**　　　　　　　　　　イ (0532)
　　ア ヘビ　　　　イ クモ　　　　ウ 嵐

☐ (4) wear less **makeup**　　　　　　　　　　　ア (0573)
　　ア 化粧　　　　イ 印象　　　　ウ 食事

☐ (5) **scared** children　　　　　　　　　　　　イ (0578)
　　ア 頭の良い　イ おびえた　　ウ 引っ込み思案の

☐ (6) gather **nuts**　　　　　　　　　　　　　　ア (0574)
　　ア 木の実　　イ ボタン　　　ウ 動物の角

☐ (7) be crowded **especially** in summer　　ウ (0595)
　　ア 驚くほど　イ 多分　　　　ウ 特に

☐ (8) be **deeply** moved　　　　　　　　　　　ウ (0599)
　　ア 実際に　　イ 結局は　　　ウ 深く

☐ (9) **lift** a heavy box　　　　　　　　　　　　イ (0507)
　　ア を扱う　　イ を持ち上げる
　　ウ を詰め込む

☐ (10) **broadcast** a news program　　　　　ア (0512)
　　ア を放送する　イ を信じる　　ウ を変える

訳 (1) タバコをやめる　(2) 新しい電池を買う　(3) クモを怖がる　(4) 化粧を控えめにする
(5) おびえた子供たち　(6) 木の実を拾う　(7) 特に夏は混雑する　(8) 深く感動する
(9) 重い箱を持ち上げる　(10) ニュース番組を放送する

1 次の語句の意味を**ア〜エ**から選びなさい。

□ (1) title	ア 身分証明（書） ウ 題名	イ 覚え書き エ 予定（表）	ウ (0529)
□ (2) cute	ア 明るい ウ かわいい	イ 正しい エ 好奇心の強い	ウ (0587)
□ (3) Atlantic	ア 大西洋（上）の ウ 英国の	イ 太平洋（沿岸）の エ ロシアの	ア (0591)
□ (4) hit	ア （を）抜かす ウ （を）投げる	イ を振る エ を打つ	エ (0508)
□ (5) wipe	ア を裂く ウ を包む	イ を閉じ込める エ を（布などで）ふく	エ (0518)
□ (6) heater	ア 健康（なこと） ウ 調理法	イ 暖房装置 エ 恐れ	イ (0567)
□ (7) grill	ア を建てる イ をこぼす ウ （肉・魚など）を焼き網で焼く エ の味がする		ウ (0504)
□ (8) memory	ア 場面 ウ 材料	イ 説明書 エ 思い出	エ (0538)
□ (9) helpful	ア 助けになる ウ 礼儀正しい	イ 勇敢な エ 十分な	ア (0588)
□ (10) article	ア 作家 ウ 小説	イ 壁紙 エ 記事	エ (0539)

2 下線部の語句の意味を答えなさい。

☐ (1) take a lot of pictures of famous **divers**
　　有名な(　　　　)の写真をたくさん撮る

ダイバーたち
(0536)

☐ (2) my tennis **coach**
　　私のテニス(　　)

コーチ (0543)

☐ (3) build a new **brand**
　　新しい(　　)を築く

ブランド
(0555)

☐ (4) There was a large **audience** at the concert.
　　コンサートには大勢の(　　)がいた。

観衆 (0561)

☐ (5) eat **lobster**
　　(　　)を食べる

ロブスター
(0572)

☐ (6) **count** the change
　　釣り銭(を　　)

を数える
(0505)

☐ (7) spicy **sausages**
　　スパイスのきいた(　　)

ソーセージ
(0533)

☐ (8) give **instructions**
　　(　　)を出す

指示 (0557)

☐ (9) throw away **trash**
　　(　　)を捨てる

ゴミ (0523)

☐ (10) Please use **headphones** while listening to music.
　　音楽を聞く際には(　　)の使用をお願いします。

ヘッドホン
(0564)

☐ (11) hold a tennis **tournament**
　　テニス(　　)を開催する

トーナメント
(0527)

☐ (12) a **seafood** restaurant
　　(　　)レストラン

シーフード
(0534)

1 音声を聞いて語句の意味を**ア〜エ**から選びなさい。
(音声が聞けない場合は語句を見て選びなさい)

> ア 会員であること
> イ 写真撮影
> ウ 登場人物
> エ 目的

☐ (1)	🎧 character	ウ	(0547)
☐ (2)	🎧 purpose	エ	(0552)
☐ (3)	🎧 membership	ア	(0540)
☐ (4)	🎧 photography	イ	(0563)

2 音声を聞いて語句の意味を**ア〜ウ**から選びなさい。
(音声が聞けない場合は語句を見て選びなさい)

☐ (1)	ア を決心する イ を分ける ウ を提案する	🎧 separate	イ (0517)
☐ (2)	ア 古代の イ 欠席の ウ いろいろな	🎧 ancient	ア (0579)
☐ (3)	ア 国際的な イ 個人的な ウ 完全な	🎧 private	イ (0589)
☐ (4)	ア (を)再生利用する イ を予約する ウ (を)復習する	🎧 review	ウ (0514)
☐ (5)	ア (最)前部 イ 森林(地帯) ウ 小麦粉	🎧 flour	ウ (0570)
☐ (6)	ア 特定の イ 電子の ウ ノートパソコンの	🎧 electronic	イ (0580)

☐ **(7)** ア 女性の　　イ 友好的な 　　ウ 男女混合の	🎧 female	ア (0585)

---

3 音声を聞いて ( ) に適切なものを答えなさい。
(音声が聞けない場合は語句を見て答えなさい)

☐ **(1)** 最近( )が痛いんです。	🎧 My knee has been hurting lately. 膝 (0546)
☐ **(2)** 世代から世代へと( )を引き継ぐ	🎧 hand down traditions from generation to generation 伝統 (0526)
☐ **(3)** 科学に大変な( )を持つ	🎧 have a great interest in science 興味 (0545)
☐ **(4)** お茶(を)	🎧 pour a cup of tea を注ぐ (0509)
☐ **(5)** ( )にあこがれる	🎧 admire a hero 英雄 (0571)
☐ **(6)** 国境(を)	🎧 guard the border を守る (0506)
☐ **(7)** 多くの時間と( )を要する	🎧 take a lot of time and effort 努力 (0549)
☐ **(8)** 音楽について十分な( )を持っている	🎧 have enough knowledge about music 知識 (0554)

1 次の各文の（　　）に適する語句を**ア～ク**から選びなさい。

☐ (1) I received a letter of (　　　) from him.
　　私は彼から招待状を受け取った。
　　イ (0522)

☐ (2) My father is fond of (　　　) movies.
　　私の父はSF映画が好きだ。
　　キ (0530)

☐ (3) My father stressed the (　　　) of health.
　　私の父は健康の重要性を強調した。
　　オ (0556)

☐ (4) They followed a narrow (　　　) toward the village.
　　彼らは村に続く狭い小道をたどって行った。
　　カ (0575)

☐ (5) Everybody (　　　) me with my twin brother.
　　誰もが私を私の双子の兄 [弟] と混同する。
　　エ (0510)

☐ (6) We share data through information (　　　).
　　私たちは情報網を通じてデータを共有している。
　　ア (0558)

☐ (7) This clock (　　　) me of my late grandfather.
　　この時計は私に亡くなった祖父を思い出させる。
　　ク (0516)

☐ (8) The next train leaves from (　　　) 3.
　　次の電車は3番線から発車する。
　　ウ (0569)

ア networks　　**イ** invitation　　**ウ** Platform
エ confuses　　**オ** importance　　**カ** path
キ science fiction　　**ク** reminds

2 次の各文の（　　　　）に適する語句を**ア〜エ**から選びなさい。

☐ (1) The store gives out discount (　　) for coffee at the entrance. イ (0542)

その店は入り口でコーヒーの割引券を配っている。

ア choices　　　　　　イ coupons
ウ opportunities　　　エ profits

☐ (2) I heard a big sound in the (　　) of the night. ウ (0551)

私は真夜中に大きな音を聞いた。

ア corner　　イ bottom　　ウ middle　　エ total

☐ (3) I'd like to pay in (　　). イ (0562)

私は現金で支払いたいです。

ア credit　　イ cash　　ウ cart　　エ bill

☐ (4) (　　) people saw the accident. エ (0576)

数人の人々がその事故を見た。

ア Few　　イ Other　　ウ Extra　　エ Several

☐ (5) He belongs to a (　　) group. ア (0582)

彼はあるグループに所属している。

ア certain　　イ common　　ウ central　　エ similar

☐ (6) Do we have to dress (　　) for the party? エ (0596)

そのパーティーのために立派な服装をする必要はありますか。

ア extremely　　　イ rarely
ウ naturally　　　エ nicely

☐ (7) Don't (　　) to me, honey. エ (0513)

君，僕にうそをつかないでくれ。

ア control　　イ pretend　　ウ disturb　　エ lie

☐ (8) I prefer to stay (　　) and read books. ウ (0597)

私は家の中にいて本を読む方が好きだ。

ア outdoors　　　イ hopefully
ウ indoors　　　　エ carefully

1 次の語句の意味を**ア～エ**から選びなさい。

☐ (1) waste	ア 上演する　イ を覆う ウ を浪費する　エ を含む		ウ (0616)
☐ (2) pack	ア を調達する イ を詰め込む ウ を取り除く エ (人など)を抱き締める		イ (0622)
☐ (3) phrase	ア 種類　イ 句 ウ 標識　エ 賞		イ (0626)
☐ (4) adult	ア 夫　イ 隣人 ウ 大人　エ 俳優		ウ (0642)
☐ (5) discussion	ア 討論　イ 事故 ウ 発見　エ 騒音		ア (0659)
☐ (6) amazing	ア 健康に良い　イ 成功した ウ 巨大な　エ 驚くべき		エ (0680)
☐ (7) completely	ア まっすぐに　イ 心から ウ 正確に　エ 完全に		エ (0696)
☐ (8) disturb	ア を描写する　イ (を)邪魔する ウ を決心する　エ (を)撮影する		イ (0607)
☐ (9) replace	ア を受け取る　イ を盗む ウ を取り換える　エ を悟る		ウ (0618)
☐ (10) dental	ア 困難な　イ 人間の ウ 地元の　エ 歯の		エ (0682)
☐ (11) whatever	ア ～するものは何でも イ どちらも～ない ウ それゆえに エ 1つも～ない		ア (0699)

2 次の語句と反対の意味を持つ語句を**ア**〜**カ**から選びなさい。

☐ (1) quiet	⇔	( )	エ (0677)
☐ (2) alive	⇔	( )	オ (0686)
☐ (3) giant	⇔	( )	イ (0690)
☐ (4) terrible	⇔	( )	ア (0676)
☐ (5) awake	⇔	( )	カ (0684)
☐ (6) audio	⇔	( )	ウ (0687)

ア wonderful **イ** tiny **ウ** video **エ** noisy **オ** dead **カ** asleep

1 次の語句の意味を**ア**〜**エ**から選びなさい。

☐ (1) escape	ア 待つ ウ 逃げる	イ 凍る エ 流れる	ウ (0615)
☐ (2) secret	ア トラブル ウ 技術	イ 忠告 エ 秘密	エ (0635)
☐ (3) button	ア 底 ウ エレベーター	イ 棒状のもの エ ボタン	エ (0656)
☐ (4) serious	ア 重大な イ 否定の ウ ストレスの原因となる エ 危険な		ア (0674)
☐ (5) twice	ア 傾向 ウ 2回	イ パーセント エ 寺	ウ (0692)
☐ (6) greet	ア (に)出席する ウ を得る	イ にあいさつする エ (を)探検する	イ (0606)
☐ (7) lead	ア と連絡をとる ウ を続ける	イ を導く エ についていく	イ (0617)
☐ (8) sunshine	ア 陸地 ウ 気温	イ 地平線 エ 日光	エ (0636)
☐ (9) channel	ア (テレビの)チャンネル イ ショッピングモール ウ 成績 エ 機会		ア (0668)
☐ (10) electronics	ア 試験 ウ 電子工学	イ インターネット エ 製品	ウ (0671)

2 下線部の語句の意味を**ア**〜**ウ**から選びなさい。

☐ (1) **organize** a meeting 　　ア を中止する　イ を提案する　**ウ** を主催する	ウ (0621)
☐ (2) **select** the best player 　　ア を発表する　**イ** を選ぶ　　　ウ を推薦する	イ (0625)
☐ (3) fly with the **airline** 　　**ア** 航空会社　イ ショッピングカート　ウ トラック	ア (0649)
☐ (4) an **ability** to speak English 　　ア 量　　　　　**イ** 能力　　　　ウ 職業	イ (0651)
☐ (5) a telephone **conversation** 　　**ア** 会話　　　　イ 親切な行為　ウ 申し込み	ア (0654)
☐ (6) an exciting **adventure** 　　ア トーナメント　イ 手品　　　　**ウ** 冒険	ウ (0660)
☐ (7) **require** time and money 　　ア を失う　**イ** を必要とする　ウ のバランスをとる	イ (0619)
☐ (8) be famous as an **explorer** 　　ア 弁護士　　　　**イ** 探検家　　　　ウ 漁師	イ (0663)
☐ (9) **wealthy** people 　　ア 勇敢な　　　イ よく知られている　**ウ** 裕福な	ウ (0675)
☐ (10) a **brand-new** house 　　ア 高価な　　　イ 価値がある　**ウ** 真新しい	ウ (0688)

訳 (1)会議を主催する　(2)最優秀選手を選ぶ　(3)その航空会社を利用する　(4)英語を話す能力
(5)電話での会話　(6)わくわくするような冒険　(7)時間とお金を必要とする
(8)探検家として有名である　(9)裕福な人々　(10)真新しい家

1 次の語句の意味を**ア~エ**から選びなさい。

□ (1) risk	ア 感情	イ 癖		エ (0630)
	ウ 災害	エ 危険		

□ (2) anniversary	ア 娯楽	イ (0661)
	イ (毎年巡ってくる)記念日	
	ウ 目標	
	エ 祝辞	

□ (3) Christian	ア キリスト教の	イ 個人の	ア (0689)
	ウ 大西洋(上)の	エ ロシアの	

□ (4) combine	ア を摘む	イ (を)約束する	ウ (0610)
	ウ を結びつける	エ (を)確かめる	

□ (5) silence	ア 注目	イ 重要性	エ (0637)
	ウ 地下鉄	エ 静寂	

□ (6) athlete	ア 運動選手	イ 才能	ア (0644)
	ウ 得点	エ 消防隊員	

□ (7) boss	ア シェフ	イ (0646)
	イ 上司	
	ウ (海岸・プールの)監視員	
	エ 兵士	

□ (8) entrance	ア 出来事	イ 表面	エ (0653)
	ウ 教育	エ 入り口	

□ (9) avenue	ア 地域	イ 活動	ウ (0662)
	ウ 大通り	エ 市場	

□ (10) classical	ア 生まれた土地の	イ 特別な	ウ (0683)
	ウ クラシックの	エ 便利な	

2 下線部の語句の意味を答えなさい。

☐ (1) **respect** him deeply 深く彼(を　　　)	を尊敬する (0624)
☐ (2) an event for **teenagers** (　　　)向けのイベント	ティーンエイジャー (0631)
☐ (3) travel to **Egypt** (　　　)へ旅行に行く	エジプト (0645)
☐ (4) visit an **aquarium** (　　　)へ行く	水族館 (0666)
☐ (5) look for some **files** on the computer コンピュータ上の(　　　)を探す	ファイル (0672)
☐ (6) **hang** a lamp above the table テーブルの上にランプ(を　　　)	をつるす (0613)
☐ (7) my **scarf** and gloves 私の(　　　)と手袋	スカーフ (0629)
☐ (8) the importance of **teamwork** (　　　)の重要性	チームワーク (0634)
☐ (9) the **energy** problem (　　　)問題	エネルギー (0641)
☐ (10) a car **engine** 車の(　　　)	エンジン (0650)
☐ (11) join a **fitness** club (　　　)クラブに入る	フィットネス (0665)
☐ (12) lots of **herbs** and spices たくさんの(　　　)とスパイス	ハーブ (0673)

1 音声を聞いて語句の意味を**ア~ウ**から選びなさい。
（音声が聞けない場合は語句を見て選びなさい）

☐ [1] ア を開発する　イ を破壊する　ウ を分ける	🎧 destroy	イ (0603)
☐ [2] ア 島　　イ 考え　　ウ 通路	🎧 aisle	ウ (0652)
☐ [3] ア 日常の　イ 直接の　ウ 2人用の	🎧 double	ウ (0681)
☐ [4] ア（未来の）いつか　　イ 最近　ウ いつでも	🎧 sometime	ア (0694)
☐ [5] ア を達成する　イ を創造する　ウ を管理する	🎧 control	ウ (0601)
☐ [6] ア くつろぐ　　イ 呼吸する　ウ ストレッチをする	🎧 breathe	イ (0609)
☐ [7] ア 平均　　イ 住所　　ウ 有利な点	🎧 advantage	ウ (0648)

2 音声を聞いて語句の意味を**ア~エ**から選びなさい。
（音声が聞けない場合は語句を見て選びなさい）

ア 専門家 イ 学期 ウ（作物の）収穫 エ 従業員	☐ [1] 🎧 employee	エ (0639)
	☐ [2] 🎧 harvest	ウ (0669)
	☐ [3] 🎧 semester	イ (0633)
	☐ [4] 🎧 expert	ア (0640)

3 音声を聞いて（　　　　）に適切なものを答えなさい。
（音声が聞けない場合は語句を見て答えなさい）

☐ (1) （　　　）を上る	🔊 go up the <u>stairs</u> 階段 (0628)
☐ (2) 精神的な（　　　）	🔊 mental <u>strength</u> 強さ (0632)
☐ (3) 私の好きな（　　　）	🔊 my favorite <u>author</u> 作家 (0643)
☐ (4) ひどい（　　　）がする	🔊 have a bad <u>headache</u> 頭痛 (0667)
☐ (5) （　　　）権利	🔊 <u>equal</u> rights 平等な (0685)
☐ (6) この問題は（　　　）難しい。	🔊 This problem is <u>rather</u> difficult. かなり (0691)
☐ (7) 新しい機械（を　　　）	🔊 <u>invent</u> a new machine を発明する (0620)
☐ (8) 彼は（　　　）大きな家を所 有している。	🔊 He owns <u>quite</u> a big house. とても (0693)

1 次の各文の（　　）に適する語句を**ア～ク**から選びなさい。

□ (1) The soccer fans（　　）at his goal. サッカーファンたちが彼のゴールに歓声を上げた。	オ (0614)
□ (2) He does not know the cultural（　　）of the statue. 彼はその像の文化的価値を知らない。	ア (0638)
□ (3) She is interested in traditional African（　　）. 彼女はアフリカの伝統的な慣習に興味がある。	キ (0655)
□ (4) He was happy to get a large（　　）. 彼はボーナスをたくさんもらってうれしかった。	イ (0670)
□ (5) The girl formed the clay into a（　　）shape. 少女は粘土を丸い形にした。	エ (0678)
□ (6) I was（　　）with the result. 私はその結果に失望した。	ウ (0605)
□ (7) The truck（　　）into a telephone pole. そのトラックは電柱に衝突した。	ク (0611)
□ (8) The train was not so（　　）this morning. 今朝電車はあまり混んでいなかった。	カ (0679)

ア value	イ bonus	ウ disappointed	エ round
オ cheered	カ crowded	キ customs	ク crashed

2 次の各文の（　　）に適する語句を**ア**〜**エ**から選びなさい。

☐ **(1)** She (　　) to the tennis club.　　　　　　　　ウ (0602)

彼女はテニス部に所属している。

ア guides　　**イ** returns　　**ウ** belongs　　**エ** adds

☐ **(2)** She was (　　) about the test result.　　　　　イ (0623)

彼女は試験の結果に動揺していた。

ア attracted　**イ** upset　　**ウ** scared　　**エ** concerned

☐ **(3)** She has a poor (　　) of direction.　　　　　　ア (0627)

彼女は方向感覚が乏しい。

ア sense　　**イ** view　　**ウ** luck　　**エ** memory

☐ **(4)** This store sells sports (　　).　　　　　　　　エ (0647)

この店はスポーツ用品を売っている。

ア coupons　　　　　　**イ** documents
ウ diet　　　　　　　　**エ** equipment

☐ **(5)** I have no (　　) but to study.　　　　　　　　エ (0657)

私には勉強する以外に選択の道がない。

ア quality　　**イ** sheet　　**ウ** skill　　**エ** choice

☐ **(6)** Please walk (　　) of me.　　　　　　　　　　ウ (0695)

私の前方を歩いてください。

ア apart　　**イ** inside　　**ウ** ahead　　**エ** besides

☐ **(7)** I'll welcome (　　) comes to my birthday　　イ (0700)
party.

私の誕生会に来てくれる人は誰でも歓迎します。

ア either　　　　　　　**イ** whoever
ウ anywhere　　　　　　**エ** none

☐ **(8)** Put your trays on the kitchen (　　).　　　　　ウ (0658)

お盆はキッチンカウンターの上に置いてください。

ア ground　　**イ** shelf　　**ウ** counter　　**エ** corner

1 次の語句の意味を**ア~エ**から選びなさい。

□ (1) method	ア 言い訳 イ 結果 ウ 真ん中 エ 方法		エ (0733)
□ (2) rush	ア 突進 イ (台所から出る) 生ゴミ ウ 競走 エ 休み		ア (0743)
□ (3) nation	ア (企業などの) 部 イ 近所 ウ 中心 エ 国家		エ (0750)
□ (4) photocopy	ア (新聞・雑誌などの) 欄 イ 品目 ウ 写真複写 エ 身分証明 (書)		ウ (0765)
□ (5) violent	ア おびえた イ 野生の ウ 乱暴な エ (声や音が) 大きい		ウ (0778)
□ (6) mixed	ア 男女混合の イ いくつかの ウ 混雑した エ 完全な		ア (0783)
□ (7) upstairs	ア どこかに イ 階上へ ウ (距離が) 遠くに エ 屋外に		イ (0795)
□ (8) laptop	ア 最も少ない イ 眠って ウ 平方の エ ノートパソコンの		エ (0777)
□ (9) originally	ア ついに イ 最初は ウ なかなか エ その代わりに		イ (0791)
□ (10) ring	ア 成長する イ 鳴る ウ 探し求める エ うそをつく		イ (0705)

□ (11) contain	ア を混同する　イ を表現する ウ を意味する　エ を含む	エ (0724)
□ (12) site	ア 距離　　　　イ 画面 ウ 用地　　　　エ 方向	ウ (0734)

2 次の語句と反対の意味を持つ語句を**ア〜オ**から選びなさい。

□ (1) patient	⇔	（　　　　）	ウ (0775)
□ (2) personal	⇔	（　　　　）	ア (0780)
□ (3) tight	⇔	（　　　　）	イ (0782)
□ (4) noisy	⇔	（　　　　）	オ (0779)
□ (5) absent	⇔	（　　　　）	エ (0789)

ア public　イ loose　ウ impatient　エ present　オ quiet

1 次の語句の意味を**ア**~**エ**から選びなさい。

□ (1) highway	ア 料金 イ 主要道路 ウ 地面 エ 旅行	**イ** (0752)
□ (2) impression	ア 感覚 イ 写真 ウ リズム エ 印象	**エ** (0761)
□ (3) physically	ア 簡単に イ 注意して ウ 残念ながら エ 身体的に	**エ** (0797)
□ (4) trust	ア を信用する イ を訓練する ウ を勝ち取る エ を推測する	**ア** (0701)
□ (5) beat	ア を引き起こす イ を解決する ウ を負かす エ を落とす	**ウ** (0727)
□ (6) statue	ア 像 イ 小エビ ウ 祈り エ スケッチ	**ア** (0773)
□ (7) wooden	ア 汚れていない イ 木製の ウ 隠された エ 太い	**イ** (0787)
□ (8) straight	ア 完全に イ 永久に ウ 主として エ まっすぐに	**エ** (0794)
□ (9) decrease	ア 隠れる イ 戦う ウ 減少する エ 謝る	**ウ** (0720)

2 下線部の語句の意味を**ア**〜**ウ**から選びなさい。

☐ ⑴ **disappear** suddenly
　　ア 姿を消す　イ 意思を通じ合う　ウ 進路を変える
ア (0729)

☐ ⑵ in my **opinion**
　　ア 経験　　　イ 意見　　　ウ 覚え書き
イ (0736)

☐ ⑶ a movie with many scary **scenes** in it
　　ア 演技　　　イ 場面　　　ウ 登場人物
イ (0740)

☐ ⑷ study English with a **tutor**
　　ア 家庭教師　イ 専門家　ウ 大人
ア (0747)

☐ ⑸ have a good **imagination**
　　ア 感情　　　イ 自然環境　ウ 想像力
ウ (0757)

☐ ⑹ an **independent** person
　　ア 正しい　　イ 自立した　ウ 落ち着いた
イ (0785)

☐ ⑺ **Hopefully**, he will succeed.
　　ア それゆえに　イ 特に　　ウ 願わくば
ウ (0796)

☐ ⑻ **sail** from here to Kobe
　　ア 広がる　　イ 航海する　ウ 自転車に乗る
イ (0708)

☐ ⑼ That's not my **style**.
　　ア やり方　　イ 目的　　ウ ファッション
ア (0741)

☐ ⑽ a cute **puppy**
　　ア めい　　　イ 雰囲気　　ウ 子犬
ウ (0758)

訳 ⑴ 突然に姿を消す　⑵ 私の意見では　⑶ 怖い場面の多い映画
⑷ 家庭教師に英語を教えてもらう　⑸ 想像力が豊かだ　⑹ 自立した人
⑺ 願わくば彼に成功してもらいたい。　⑻ ここから神戸まで航海する
⑼ それは私のやり方ではない。　⑽ かわいい子犬

1 次の語句の意味を**ア~エ**から選びなさい。

☐ (1) roll	ア 剣	イ 車輪		エ (0739)
	ウ 詩	エ (紙などを) 巻いたもの		
☐ (2) pole	ア 雷を伴う暴風雨			ウ (0766)
	イ 道具	ウ 棒		
	エ (雑誌などの) 第~号			
☐ (3) spell	ア を形作る	イ (を) 押す		エ (0713)
	ウ に直面する	エ (を) つづる		
☐ (4) horn	ア 美	イ (動物の) 角		イ (0760)
	ウ 敵	エ みやげ		
☐ (5) nonsmoking	ア (座席などが) 禁煙の			ア (0786)
	イ 注意深い			
	ウ 近くの			
	エ くつろがせる			
☐ (6) leather	ア 所有者	イ 革		イ (0762)
	ウ (映画などの) 監督	エ 特徴		
☐ (7) below	ア ~と異なって	イ ~以内で		エ (0800)
	ウ ~の方へ	エ ~より下に		
☐ (8) policy	ア 政策	イ 自由		ア (0742)
	ウ 犯罪	エ 振る舞い		
☐ (9) lifeguard	ア ライフスタイル			エ (0763)
	イ 警察			
	ウ 避難所			
	エ (海岸・プールの) 監視員			
☐ (10) instructor	ア 政治家			エ (0738)
	イ デザイナー			
	ウ 支配人			
	エ (技能を教える) 指導者			

2 下線部の語句の意味を答えなさい。

□ (1) type on a **keyboard** （　　）を打つ	キーボード (0746)
□ (2) be moved by beautiful **scenery** 美しい（　　）に感動する	風景 (0751)
□ (3) put some **ketchup** on a hot dog ホットドッグに（　　）をかける	ケチャップ (0755)
□ (4) add **spices** to the food 料理に（　　）を入れる	スパイス (0769)
□ (5) **encourage** him to keep studying 勉強を続けるよう彼（を　　）	を励ます (0719)
□ (6) a **partner** for life 生涯の（　　）	パートナー (0745)
□ (7) solve a crossword **puzzle** クロスワード（　　）を解く	パズル (0749)
□ (8) **wave** to his fans 彼のファンに（　　）	手を振る (0709)
□ (9) **knock** on a door ドアを（　　）	ノックする (0718)
□ (10) **access** the Internet インターネット（に　　）	にアクセスする (0721)
□ (11) change the **position** of the shelf 棚の（　　）を変える	位置 (0748)
□ (12) a beautiful **rainbow** across the sky 空にかかる美しい（　　）	虹 (0756)

1 音声を聞いて語句の意味を**ア~ウ**から選びなさい。
(音声が聞けない場合は語句を見て選びなさい)

□ (1)	ア を浪費する　イ (を)貼りつける ウ (を)祝う	🎧 paste	イ (0717)
□ (2)	ア サケ　　イ 要約　　ウ ソース	🎧 salmon	ア (0732)
□ (3)	ア に(サイズが)ぴったり合う イ を包む　　ウ を(布などで)ふく	🎧 wrap	イ (0715)
□ (4)	ア 見学　　イ 題名　　ウ 合計	🎧 total	ウ (0770)
□ (5)	ア 不親切な　イ 異常な　ウ 独特の	🎧 unique	ウ (0781)
□ (6)	ア 典型的な　イ 平等な　ウ ひどく悪い	🎧 typical	ア (0784)
□ (7)	ア (俳優などの)役　イ 規則　ウ 列	🎧 row	ウ (0759)
□ (8)	ア 惑星　　イ 宮殿　　ウ 句	🎧 palace	イ (0764)

2 音声を聞いて語句の意味を**ア~エ**から選びなさい。
(音声が聞けない場合は語句を見て選びなさい)

ア 返事をする イ に警告する ウ を何とかやり遂げる エ の重さがある	

□ (1)	🎧 weigh	エ (0703)
□ (2)	🎧 reply	ア (0707)
□ (3)	🎧 manage	ウ (0725)
□ (4)	🎧 warn	イ (0702)

3 音声を聞いて（　　）に適切なものを答えなさい。
（音声が聞けない場合は語句を見て答えなさい）

□ (1) みんなから尊敬されている（　　）	🔊 a politician respected by everyone 政治家 (0767)
□ (2) 私の（　　）はアボカドが好きだ。	🔊 My nephew likes avocados. おい (0772)
□ (3) （　　）理由で	🔊 for various reasons さまざまな (0776)
□ (4) （　　）平和を願う	🔊 sincerely wish for peace 心から (0790)
□ (5) 市場の動向（を　　）	🔊 judge a market を判断する (0704)
□ (6) 詩（を　　）	🔊 memorize a poem を暗記する (0706)
□ (7) 有名な（　　）	🔊 a famous castle 城 (0731)
□ (8) （　　）を訓練する	🔊 train soldiers 兵士 (0774)

1 次の各文の（　　　）に適する語句を**ア〜ク**から選びなさい。

□ (1) When are you going to buy a new (　　　) computer?
いつ新しいタブレットコンピュータを買う予定ですか。　　　ウ (0735)

□ (2) My brother did (　　　) on his English test.
兄[弟]は英語のテストの成績が悪かった。　　　オ (0793)

□ (3) She (　　　) breakfast this morning.
彼女は今朝，朝食を抜いた。　　　ア (0712)

□ (4) She (　　　) her arms back and forth.
彼女は腕を前後に振った。　　　ク (0714)

□ (5) Would you like a free cheese (　　　)?
無料のチーズの試食はいかがですか。　　　エ (0744)

□ (6) It is a drink made from (　　　) juice.
それはライム果汁からできた飲み物である。　　　イ (0753)

□ (7) It (　　　) began to snow.
突然雪が降り始めた。　　　カ (0792)

□ (8) He (　　　) the clerk and ran away.
彼は店員を撃って逃げた。　　　キ (0711)

ア skipped	イ lime	ウ tablet	エ sample
オ poorly	カ suddenly	キ shot	ク swung

2 次の各文の（　　　）に適する語句を**ア～エ**から選びなさい。

☐ **(1)** She (　　　) on her parents for money.
エ (0728)

彼女は金銭面で両親に頼っている。

ア appreciates　　　　　イ insists
ウ seeks　　　　　　　　エ depends

☐ **(2)** I have decided to buy the second (　　　) of this dictionary.
イ (0771)

私はこの辞書の第2版を購入することにした。

ア debate　　イ version　　ウ package　　エ piece

☐ **(3)** I can't find my wallet (　　　).
エ (0798)

財布がどこにも見つからない。

ア anyway　　イ abroad　　ウ forward　　エ anywhere

☐ **(4)** She is (　　　) about her children.
ア (0723)

彼女は自分の子供たちを心配している。

ア concerned　　　　　イ promoted
ウ scared　　　　　　　エ disappointed

☐ **(5)** Now I'll give you an (　　　) of his success.
イ (0737)

今から彼の成功の一例を挙げてみましょう。

ア invitation　　　　　イ instance
ウ effort　　　　　　　エ interest

☐ **(6)** Are there any (　　　)?
ウ (0754)

反対意見はありますか。

ア accidents　　　　　イ passages
ウ objections　　　　　エ reactions

☐ **(7)** Hello, this is the Brown (　　　).
ウ (0768)

もしもし，ブラウン（の家）ですが。

ア countryside　　　　イ citizen
ウ residence　　　　　エ honor

☐ **(8)** His success was (　　　) our expectations.
イ (0799)

彼の成功は私たちの予想を超えていた。

ア behind　　イ beyond　　ウ except　　エ without

次の (1) から (21) までの (　　　) に入れるのに最も適切なものを **1**, **2**, **3**, **4** の中から一つ選びなさい。

☐ **(1)** Clara and Evie were so surprised when they met at the party last night. They were both wearing (　　) the same dress.

1 recently　**2** exactly　**3** hopefully **4** shortly

2 (0697)

☐ **(2)** Freya's family moved to a different city, and she started at a new school. At first, she couldn't (　　) people because she was shy, but now she has many friends.

1 approach **2** wave　**3** connect　**4** shake

1 (0726)

☐ **(3)** Matt is learning Chinese. As well as taking lessons each week, he listens to Chinese podcasts for (　　) practice.

1 equal　　　　　　**2** typical
3 additional　　　　**4** several

3 (0594)

☐ **(4)** Maya got a message on her phone to become friends with someone she didn't know. She showed her father, and he told her to (　　) it.

1 promise **2** ignore　**3** agree　**4** guess

2 (0716)

☐ **(5)** Ethan worked hard all summer vacation at his uncle's restaurant to (　　) enough money to buy his first car.

1 lend　**2** rise　**3** pay　**4** earn

4 (0612)

☐ (6) Lucas was very happy to get an A for his English (   ). Good comments from the professor made him more confident about his writing.

1 semester **2** author **3** essay **4** wallpaper

3 (0664)

☐ (7) Robert's grandmother was angry with him and his brother because they damaged a (   ) vase in her garden when they were playing soccer.

1 wild **2** past **3** valuable **4** positive

3 (0577)

☐ (8) Runa was pleased when she heard that her favorite idol was going to (   ) in a new TV drama in the winter.

1 display **2** publish **3** act **4** broadcast

3 (0730)

☐ (9) Chika's dog loves balls. He takes them away from other people (   ) he sees them in the park. Chika thinks he needs more training.

1 although **2** however **3** unless **4** whenever

4 (0600)

☐ (10) *A*: Professor Brown, when do we have to finish our term papers?
B: All the (   ) about your assignments are in the e-mail I sent to the class on Monday, please check it carefully.

1 details **2** values **3** samples **4** credits

1 (0548)

☐ (11) Although the house was really (   ), the high walls and big windows made it seem much larger.

1 empty **2** local
3 narrow **4** brand-new

3 (0788)

☐ **(12)** A: Did you go for your yearly health check yesterday, Saki?

    B: Yes. The doctor (   ) me to eat fewer sweet foods and have more fruit and vegetables.

1 discussed   **2** supplied
3 advised   **4** increased

3 (0608)

☐ **(13)** Pippa wanted to buy her parents tickets for a concert. (   ), the show was sold out in only one hour, so Pippa must think of a different gift.

1 Unfortunately   **2** Sincerely
3 Certainly   **4** Hopefully

1 (0491)

☐ **(14)** It is very easy to go shopping these days if you have a smartphone. Stores (   ) many kinds of cashless payment apps.

1 accept   **2** lift   **3** contain   **4** produce

1 (0604)

☐ **(15)** Angela's pet cat Oscar went up a very high tree and couldn't get down. A kind neighbor climbed the tree and (   ) Oscar.

1 described   **2** bothered
3 searched   **4** rescued

4 (0519)

☐ **(16)** This weekend, Charlie is (   ) his first ever high school dance. He is excited but also a little nervous because he has never danced in front of his classmates.

1 attending   **2** inviting
3 regretting   **4** dividing

1 (0409)

(17) To (　　　) being late for work, George uses three alarm clocks and also asks his mother to call him in the morning.

1 control　**2** improve　**3** delay　**4** avoid

4 (0722)

(18) Hannah traveled around Europe last summer. In France, she was able to (　　　) the menus and road signs because she studied French in university.

1 suggest　**2** translate　**3** feed　**4** serve

2 (0520)

(19) (　　　) change is a serious problem. It affects the weather, sea levels, farming, and air quality.

1 Dessert　　　　　**2** Climate
3 Direction　　　　**4** Chemistry

2 (0550)

(20) *A*: Mom, what do you do when you feel stressed and tired?
B: I (　　　) I am in a peaceful, quiet place like a beach or forest. That always helps me to relax.

1 imagine　**2** quit　**3** retire　**4** surf

1 (0710)

(21) Alexander Graham Bell was an engineer from the UK. When he invented the telephone in 1876, he changed communications (　　　).

1 forever　**2** twice　**3** politely　**4** anymore

1 (0698)

単語編

A

でる度
B

C

(1) クララとエヴィーは昨夜パーティーで会ったとき，とても驚いた。彼女たちはまさしく同じドレスを着ていたのだ。

(2) フレヤの家族は別の市に引っ越し，彼女は新しい学校でスタートした。最初，彼女は引っ込み思案だったので人に近づくことができなかったが，今では多くの友達がいる。

(3) マットは中国語を学んでいる。毎週レッスンを受けるだけでなく，追加の練習として中国語のポッドキャストも聞いている。

(4) マヤは彼女の知らない人と友達になれるというメッセージを携帯電話に受信した。彼女が父親に見せると，彼はそれを無視するよう彼女に言った。

(5) イーサンは初めての車を購入するための十分なお金を稼ぐため，おじのレストランで夏休み中ずっと一生懸命に働いた。

(6) ルーカスは英語のエッセイでAを取ってとても嬉しかった。教授からのよいコメントは，彼のライティングにおける自信をより強めた。

(7) ロバートの祖母は彼とその兄 [弟] に対して怒っていた，というのも彼らがサッカーをしているときに彼女の庭の貴重な花びんを壊したからだ。

(8) ルナは大好きなアイドルがこの冬に新しいテレビドラマで演じる予定だと聞いて喜んだ。

(9) チカの犬はボールが大好きだ。彼は公園でそれを見るといつでも他の人から取ってしまう。チカは彼にはもっと訓練が必要だと思っている。

(10) A：ブラウン教授，期末レポートはいつ終わらせなければなりませんか。
   B：課題についてのあらゆる詳細は月曜日にクラスに送ったメールにあります。そちらをよく確認してください。

(11) その家は本当に狭いけれど，高い壁と大きな窓がそれをずっと広く見せている。

(12) A：サキ，昨日，年に一度の健康診断に行った？
   B：うん，甘い食べ物を少なくしてもっと果物や野菜を食べるよう医師が私に忠告したわ。

(13) ピッパはあるコンサートのチケットを両親に買いたかった。残念ながら，その公演はたった1時間で売り切れたので，ピッパは違う贈り物を考えなければならない。

(14) スマートフォンを持っていれば，買い物に行くのは近頃では非常に簡単だ。店は多くの種類のキャッシュレスの支払いアプリを受け入れている。

(15) アンジェラのペットの猫，オスカーは，とても高い木に登り，降りることができなかった。親切な隣人がその木に登ってオスカーを救助した。

(16) 今週末，チャーリーは初めて高校のダンスパーティーに出席する予定だ。彼はわくわくしているが，クラスメートの前で一度も踊ったことがないので，少し緊張もしている。

(17) 仕事に遅刻するのを避けるために，ジョージは3つの目覚まし時計を使い，また，朝に電話をかけるよう母親に頼んでいる。

(18) ハンナは昨年の夏，ヨーロッパ中を旅行した。彼女は大学でフランス語を勉強したので，フランスではメニューや道路標識を翻訳することができた。

(19) 気候変動は深刻な問題だ。それは天気，海水面，農業や大気の質に影響を及ぼす。

(20) A：ママ，ストレスや疲れを感じるときどうしているの？
   B：私は自分がビーチや森のような，平和で静かな場所にいるところを想像するわ。それはいつもくつろぐのに役に立つの。

(21) アレクサンダー・グラハム・ベルは英国出身のエンジニアであった。彼が1876年に電話を発明したとき，コミュニケーションを永久に変えた。

単語編

差がつく応用単語 ● **300**

でる度
C

1 次の語句の意味を**ア~エ**から選びなさい。

□ (1) babysit	ア (を) 約束する イ がいなくて寂しく思う ウ (に) 忠告する エ (子供) の世話をする	エ (0820)
□ (2) rise	ア 呼吸する　　　　イ 逃げる ウ (太陽などが) 昇る　エ 鳴る	ウ (0826)
□ (3) education	ア 状況　　　　　　イ 教育 ウ (健康のための) 運動　エ 職業	イ (0837)
□ (4) blanket	ア 小さな点　　　イ (二つ折りの) 財布 ウ 器具　　　　　エ 毛布	エ (0841)
□ (5) emotion	ア 感情　　　　　イ 強さ ウ 静寂　　　　　エ 会話	ア (0848)
□ (6) ceremony	ア 儀式　　　　　イ 1世紀 ウ 招待　　　　　エ 冒険	ア (0850)
□ (7) cycle	ア 航海する　　　イ 手を振る ウ 返事をする　　エ 自転車に乗る	エ (0810)
□ (8) limit	ア を植える　　　イ を制限する ウ を失う　　　　エ を加える	イ (0827)
□ (9) beauty	ア 知識　　　　　イ ブランド ウ 美　　　　　　エ 重要性	ウ (0860)

2 次の語句と反対の意味を持つ語句を**ア～オ**から選びなさい。

☐ ⑴ empty	⇔	(	)		オ (0878)
☐ ⑵ dead	⇔	(	)		ウ (0881)
☐ ⑶ brave	⇔	(	)		エ (0892)
☐ ⑷ foolish	⇔	(	)		イ (0894)
☐ ⑸ fat	⇔	(	)		ア (0877)

ア thin　イ wise　ウ alive　エ timid　オ full

3 次の語句と似た意味を持つ語句を**ア～ウ**から選びなさい。

☐ ⑴ besides	≒	(	)		イ (0898)
☐ ⑵ hardly	≒	(	)		ウ (0900)
☐ ⑶ gradually	≒	(	)		ア (0896)

ア little by little　イ moreover　ウ scarcely

1 次の語句の意味を**ア**~**エ**から選びなさい。

□ (1) habit	ア 小麦粉	イ 暖房装置		ウ (0853)
	ウ 癖	エ 英雄		

□ (2) beetle	ア カブトムシ (の類)	イ 木の実	ア (0872)
	ウ 革	エ クモ	

□ (3) alike	ア 普通の	ウ (0885)
	イ 可能な	
	ウ (互いに) 似ている	
	エ いくつかの	

□ (4) bark	ア 成長する	イ (0816)
	イ (犬などが) ほえる	
	ウ 気にかける	
	エ 待つ	

□ (5) clerk	ア 兵士	イ 歯科医	エ (0844)
	ウ 上司	エ 店員	

□ (6) billion	ア 100万	エ (0851)
	イ (温度・角度などの) 度	
	ウ 比率	
	エ 10億	

□ (7) fisherman	ア 漁師	イ 祖先	ア (0854)
	ウ シェフ	エ 市場	

□ (8) graduation	ア 発見	ウ (0865)
	イ 政府	
	ウ 卒業	
	エ (部屋・切符などの) 予約	

□ (9) comment	ア 詳細	イ 論評	イ (0874)
	ウ 指示	エ 観衆	

2 下線部の語句の意味を**ア**〜**ウ**から選びなさい。

☐ (1) <u>dig</u> a hole	ウ (0817)
ア に気づく　　イ に入る　　ウ を掘る	
☐ (2) **reduce** food waste	イ (0823)
ア を管理する　イ を減らす　ウ を認める	
☐ (3) younger **generations**	イ (0840)
ア 顧客　　　イ 世代　　　ウ 教授	
☐ (4) the **edge** of a table	ア (0863)
ア 縁（ふち）　イ 重さ　　　ウ 価値	
☐ (5) solve a problem with a **calculator**	ウ (0866)
ア 用具　　　イ タブレット　ウ 計算機	
☐ (6) the **exact** time	イ (0880)
ア 活動的な　イ 正確な　　　ウ 通常の	
☐ (7) <u>flat</u> ground	ア (0888)
ア 平らな　　イ 汚れていない　ウ 凍った	
☐ (8) <u>chat</u> with friends	ウ (0801)
ア 競争する　イ 意思を通じ合う　ウ おしゃべりする	
☐ (9) What is your **nationality**?	ウ (0876)
ア 住所　　　イ 身分証明書　ウ 国籍	
☐ (10) He will fail **eventually**.	イ (0897)
ア 多分　　　イ 結局は　　　ウ 残念ながら	

訳 (1) 穴を掘る　(2) 食べ物の無駄を減らす　(3) 若い世代　(4) テーブルの縁
(5) 計算機を使って問題を解く　(6) 正確な時間　(7) 平らな地面　(8) 友達とおしゃべりする
(9) あなたの国籍はどこですか。　(10) 結局は彼は失敗するだろう。

1 次の語句の意味を**ア**～**エ**から選びなさい。

☐ (1) envelope	ア 化粧	イ 封筒	イ (0858)
	ウ 学期	エ エネルギー	
☐ (2) disaster	ア 犯罪	イ 秘密	エ (0868)
	ウ 距離	エ 災害	
☐ (3) bookshelf	ア 討論	イ 発明 (品)	ウ (0873)
	ウ 本棚	エ 免許 (証)	
☐ (4) flash	ア 広がる	イ 姿を消す	エ (0819)
	ウ くつろぐ	エ ぴかっと光る	
☐ (5) clinic	ア 診療所		ア (0843)
	イ コミュニティー		
	ウ クリーニング店		
	エ 標識		
☐ (6) happiness	ア 瞬間	イ 健康 (なこと)	エ (0875)
	ウ 注目	エ 幸福	
☐ (7) flow	ア 出現する	イ 成功する	ウ (0814)
	ウ 流れる	エ 集中する	
☐ (8) boarding	ア 交通 (量)	イ 訓練	ウ (0846)
	ウ 搭乗	エ 地下鉄	
☐ (9) assistant	ア 助手	イ 初心者	ア (0852)
	ウ 親戚	エ 買い物客	
☐ (10) branch	ア 電池	イ 枝	イ (0861)
	ウ 階段	エ 能力	

2 下線部の語句の意味を答えなさい。

☐ (1) **arrest** him for murder 殺人の罪で彼（を　　　）	を逮捕する (0815)	
☐ (2) a systems **engineer** システム（　　　）	エンジニア (0845)	
☐ (3) a TV **commercial** テレビ（　　　）	コマーシャル (0856)	
☐ (4) get caught by the **enemy** （　　　）につかまる	敵 (0864)	
☐ (5) a **handsome** young man （　　　）若者	ハンサムな (0890)	
☐ (6) **dislike** hearing excuses 言い訳を聞くの（を　　　）	を嫌う (0811)	
☐ (7) a **ballet** dancer （　　　）ダンサー	バレエ (0839)	
☐ (8) pay for **gasoline** （　　　）代を払う	ガソリン (0842)	
☐ (9) sign a **document** （　　　）に署名する	文書 (0847)	
☐ (10) a shoe **designer** 靴の（　　　）	デザイナー (0857)	
☐ (11) be on a **diet** （　　　）中である	ダイエット (0862)	
☐ (12) a **balanced** diet （　　　）食事	バランスの取れた (0891)	

1 音声を聞いて語句の意味を**ア~ウ**から選びなさい。
（音声が聞けない場合は語句を見て選びなさい）

☐ (1)	ア 便利な　イ 確信して　ウ 快適な	🎧 confident	イ (0879)
☐ (2)	ア 精通して　イ 女性の　ウ 外国の	🎧 familiar	ア (0883)
☐ (3)	ア (を) 説明する　イ 存在する　ウ を交換する	🎧 exist	イ (0812)
☐ (4)	ア 化学　イ 電子工学　ウ 生物学	🎧 biology	ウ (0838)
☐ (5)	ア フィットネス　イ 森林 (地帯)　ウ 予報	🎧 forecast	ウ (0869)
☐ (6)	ア 共通の　イ 落ち着いた　ウ 色彩豊かな	🎧 calm	イ (0886)
☐ (7)	ア おいしい　イ 歯の　ウ 取り扱いの難しい	🎧 delicate	ウ (0887)

2 音声を聞いて語句の意味を**ア~エ**から選びなさい。
（音声が聞けない場合は語句を見て選びなさい）

> ア を取り決める
> イ を感謝する
> ウ を展示する
> エ 謝る

☐ (1)	🎧 exhibit	ウ (0804)
☐ (2)	🎧 apologize	エ (0809)
☐ (3)	🎧 appreciate	イ (0803)
☐ (4)	🎧 arrange	ア (0805)

3 音声を聞いて（　　　）に適切なものを答えなさい。
（音声が聞けない場合は語句を見て答えなさい）

☐ (1) 事故（を　　　　）	🎧 <u>prevent</u> accidents を防ぐ (0824)
☐ (2) 困難（を　　　）	🎧 <u>overcome</u> difficulties を克服する (0833)
☐ (3) 有害な（　　　）	🎧 <u>harmful</u> chemicals 化学製品 (0836)
☐ (4) 教師に対する悪い（　　　　）	🎧 a bad <u>attitude</u> toward teachers 態度 (0867)
☐ (5) 新製品（を　　　）	🎧 <u>advertise</u> a new product を宣伝する (0802)
☐ (6) 劇的に（　　　）	🎧 <u>increase</u> dramatically 増加する (0822)
☐ (7) コスト（を　　　）	🎧 <u>lower</u> the cost を下げる (0825)
☐ (8) （　　　）になりたいと思う	🎧 want to be an <u>astronaut</u> 宇宙飛行士 (0834)

1 次の各文の（　　　）に適する語句を**ア～ク**から選びなさい。

□ 〔1〕 He（　　　）his favorite songs to his smartphone.
彼は好きな曲を自分のスマートフォンにダウンロードした。　　カ (0807)

□ 〔2〕 Some clouds are（　　　）in the sky.
いくつかの雲が空を漂っている。　　ア (0813)

□ 〔3〕 The little girl is（　　　）about anything new.
その小さな女の子は新しいものなら何でも知りたがる。　　イ (0882)

□ 〔4〕 He made several（　　　）spelling mistakes in his report.
彼はレポートの中で不注意なスペルミスをいくつかした。　　キ (0893)

□ 〔5〕 The water pipes（　　　）.
水道管が凍った。　　ウ (0806)

□ 〔6〕 I（　　　）the glass carefully.
私はそのグラスを注意深く扱った。　　ク (0808)

□ 〔7〕 The boy was（　　　）ants carefully.
その少年はアリを注意深く観察していた。　　オ (0832)

□ 〔8〕 I went there the（　　　）day.
私はその次の日にそこに行った。　　エ (0889)

ア floating	イ curious	ウ froze	エ following
オ observing	カ downloaded	キ careless	ク handled

2 次の各文の（　　　）に適する語句を**ア〜エ**から選びなさい。

☐ (1) My father was (　　　) to hotel manager.　　エ (0830)

父はホテルの支配人に昇進した。

ア hired　　　　　　　　　イ retired
ウ supported　　　　　　　エ promoted

☐ (2) (　　　) to you on your success!　　ウ (0849)

ご成功おめでとうございます！

ア Graduation　　　　　　イ Praises
ウ Congratulations　　　　エ Success

☐ (3) That woman is a local public (　　　).　　イ (0859)

あの女性は地元の著名人だ。

ア director　　イ figure　　ウ matter　　エ principal

☐ (4) The artist left behind many (　　　) works.　　ア (0884)

その芸術家は多くの素晴らしい作品を残した。

ア fantastic　　　　　　　イ available
ウ national　　　　　　　　エ brand-new

☐ (5) (　　　) from some kinds of herbs, I like ethnic dishes.　　エ (0899)

数種類のハーブを別にして，私はエスニック料理が好きだ。

ア Rather　　イ Far　　ウ Even　　エ Apart

☐ (6) My mother (　　　) the cake into four.　　ウ (0818)

私の母はそのケーキを4つに分けた。

ア pressed　　　　　　　　イ combined
ウ divided　　　　　　　　エ crashed

☐ (7) My mother (　　　) me to go to piano lessons.　　ア (0821)

母は私を無理やりピアノのレッスンに行かせた。

ア forced　　　　　　　　イ disturbed
ウ protected　　　　　　　エ wished

☐ (8) He (　　　) silent during the meeting.　　ウ (0829)

会議の間，彼は沈黙したままだった。

ア woke　　　　　　　　　イ followed
ウ remained　　　　　　　エ set

1 次の語句の意味を**ア~エ**から選びなさい。

☐ (1) smoker	ア エンジン ウ 群衆	イ 喫煙者 エ せき		イ (0970)
☐ (2) ordinary	ア 普通の ウ 年配の	イ 貴重な エ 静かな		ア (0985)
☐ (3) roast	ア 乱暴な ウ きつい	イ 平らな エ 焼いた		エ (0995)
☐ (4) insist	ア 心配する ウ 賛成する	イ (偶然)起こる エ 強く主張する		エ (0901)
☐ (5) surf	ア を取り除く イ (を)探検する ウ (ホームページなどを)見て回る エ を支持する			ウ (0909)
☐ (6) appear	ア 出現する ウ 所属する	イ 探し求める エ 減少する		ア (0924)
☐ (7) pain	ア 休み ウ 詩	イ 苦痛 エ 理由		イ (0941)
☐ (8) oyster	ア アリ ウ ロブスター	イ クラゲ エ カキ		エ (0974)
☐ (9) instant	ア (人・行為が)不注意な イ 即時の ウ 安全な エ 中心(部)の			イ (0992)
☐ (10) influence	ア 科学技術 ウ 影響	イ 目標 エ 娯楽		ウ (0945)

2 次の語句と反対の意味を持つ語句を**ア〜エ**から選びなさい。

□ (1) simple	⇔	( )	ウ (0986)
□ (2) polite	⇔	( )	エ (0988)
□ (3) negative	⇔	( )	イ (0984)
□ (4) honest	⇔	( )	ア (0991)

ア dishonest　イ positive　ウ complicated　エ rude

3 次の語句と似た意味を持つ語句を**ア〜ウ**から選びなさい。

□ (1) opportunity	≒	( )	ウ (0934)
□ (2) purse	≒	( )	ア (0959)
□ (3) shadow	≒	( )	イ (0969)

ア handbag　イ shade　ウ chance

1 次の語句の意味を**ア**~**エ**から選びなさい。

☐ (1) refresh	ア を何とかやり遂げる イ を忘れる ウ を元気づける エ を創造する		ウ (0902)
☐ (2) trap	ア にペンキを塗る ウ を我慢する	イ を閉じ込める エ に入る	イ (0911)
☐ (3) release	ア を含む ウ を注ぐ	イ を調達する エ を解放する	エ (0923)
☐ (4) location	ア クローゼット ウ 通路	イ 場所 エ 入り口	イ (0940)
☐ (5) rental	ア 有利な点 ウ 政策	イ (具体的な)例 エ 賃貸しすること	エ (0943)
☐ (6) restroom	ア (公共建物内の)トイレ イ 遊び場 ウ 住居 エ 診療所		ア (0946)
☐ (7) miracle	ア 事故 ウ 奇跡	イ 割引 エ 経験	ウ (0972)
☐ (8) pure	ア 奇術の ウ 汚れていない	イ 優れた エ 主な	ウ (0989)
☐ (9) salty	ア 歯の ウ 寂しい	イ 有害な エ 塩辛い	エ (0987)

2 下線部の語句の意味を**ア**〜**ウ**から選びなさい。

☐ (1) **lock** a door ｲ (0919)
　ア を引く　　ｲ に鍵をかける　ウ を修理する

☐ (2) set up an **organization** ア (0928)
　ア 組織　　ｲ 美術館　　ウ 航空会社

☐ (3) a **passenger** list ウ (0930)
　ア 従業員　　ｲ 消防隊員　ウ 乗客

☐ (4) a traffic **signal** ｲ (0937)
　ア 規則　　ｲ 信号　　ウ 情報

☐ (5) **particular** people ウ (0980)
　ア 古代の　　ｲ 忍耐強い　ウ 特定の

☐ (6) a **shy** student ウ (0990)
　ア 友好的な　ｲ 明るい　　ウ 引っ込み思案の

☐ (7) **seek** for the truth ア (0904)
　ア 追求する　ｲ 確かめる　ウ 報道する

☐ (8) have a large **population** ｲ (0931)
　ア 隣人　　ｲ 人口　　ウ 品目

☐ (9) escape from **reality** ア (0942)
　ア 現実　　ｲ 課題　　ウ 敵

☐ (10) start **immediately** ウ (0996)
　ア 徐々に　　ｲ ついに　　ウ 直ちに

訳 (1)ドアに鍵をかける (2)組織を創設する (3)乗客名簿 (4)交通信号 (5)特定の人々 (6)引っ込み思案の生徒 (7)真実を追求する (8)人口が多い (9)現実から逃避する (10)直ちに始める

1 次の語句の意味を**ア~エ**から選びなさい。

☐ (1) suffer	ア 沈む	イ 死ぬ		ウ (0908)
	ウ 苦しむ	エ 専攻する		
☐ (2) smart	ア 驚くべき	イ 目を覚まして		エ (0983)
	ウ 自立した	エ 頭の良い		
☐ (3) shrimp	ア アボカド	イ 小エビ		イ (0953)
	ウ ヘビ	エ ソーセージ		
☐ (4) naturally	ア 自然に	イ 深く		ア (0997)
	ウ 身体的に	エ すぐに		
☐ (5) melt	ア 溶ける	イ 成る		ア (0903)
	ウ 燃える	エ 言及する		
☐ (6) shelter	ア 自然環境	イ 出来事		エ (0947)
	ウ 活動	エ 避難所		
☐ (7) niece	ア 俳優	イ おい		ウ (0973)
	ウ めい	エ 市民		
☐ (8) pace	ア 中心			イ (0975)
	イ (発展・生活・運動などの) 速さ			
	ウ 岩			
	エ 宇宙			
☐ (9) mad	ア 太った	イ 怒って		イ (0993)
	ウ 死んだ	エ 精通して		

2 下線部の語句の意味を答えなさい。

□ (1) elect her **mayor** 彼女を(　　　)に選ぶ	市長 (0935)
□ (2) a black-and-white **photograph** 白黒(　　　)	写真 (0950)
□ (3) May I have the **receipt**? (　　　)をいただけますか。	レシート (0955)
□ (4) injure his **pride** 彼の(　　　)を傷つける	プライド (0966)
□ (5) Something is wrong with this **projector**. この(　　　)はどこか故障している。	プロジェクター (0978)
□ (6) discover his **hidden** talent 彼の(　　　)才能を発見する	隠された (0994)
□ (7) a cup made of **metal** (　　　)でできたカップ	金属 (0926)
□ (8) change his **image** 彼の(　　　)を変える	イメージ (0932)
□ (9) fix a **printer** (　　　)を修理する	プリンター (0951)
□ (10) a natural **reaction** 自然な(　　　)	反応 (0967)
□ (11) make a rough **sketch** of the house その家のおおまかな(　　　)を描く	スケッチ (0979)
□ (12) according to some **researchers** 何人かの(　　　)によると	研究者 (0925)

1 音声を聞いて語句の意味を**ア**〜**ウ**から選びなさい。
（音声が聞けない場合は語句を見て選びなさい）

☐ (1)	ア 100万　イ 午前0時　ウ 真ん中	🎧 midnight	イ (0944)
☐ (2)	ア 試供品　イ みやげ　ウ (詳細な)調査	🎧 souvenir	イ (0954)
☐ (3)	ア 小道　イ パッセージ　ウ 休止	🎧 pause	ウ (0963)
☐ (4)	ア 幸運　イ 笑い　ウ 洗濯物	🎧 laughter	イ (0971)
☐ (5)	ア 祈り　イ 演技　ウ (一般に)人	🎧 prayer	ア (0977)
☐ (6)	ア がいなくて寂しく思う イ を持ち上げる　ウ を編む	🎧 knit	ウ (0906)
☐ (7)	ア 奥さま　　　　イ 支配人 ウ 会員であること	🎧 manager	イ (0927)
☐ (8)	ア (小さな)包み　イ 宮殿　ウ 罰金	🎧 penalty	ウ (0976)

2 音声を聞いて語句の意味を**ア**〜**エ**から選びなさい。
（音声が聞けない場合は語句を見て選びなさい）

ア を裂く
イ 成功する
ウ を供給する
エ (を)生き残る

☐ (1)	🎧 survive	エ (0915)
☐ (2)	🎧 tear	ア (0917)
☐ (3)	🎧 supply	ウ (0914)
☐ (4)	🎧 succeed	イ (0916)

3 音声を聞いて (　　　) に適切なものを答えなさい。
（音声が聞けない場合は語句を見て答えなさい）

□ [1] 生徒の (　　　)	🔊 the underline{majority} of students 大多数 (0939)
□ [2] 文明の (　　　)	🔊 the underline{origin} of civilization 起源 (0962)
□ [3] 観客から (　　　) を受ける	🔊 receive underline{praise} from the audience 称賛 (0965)
□ [4] 生活の (　　　)	🔊 the underline{quality} of life 質 (0936)
□ [5] 透明な (　　　)	🔊 a clear underline{liquid} 液体 (0938)
□ [6] (　　　) に相談する	🔊 consult a underline{lawyer} 弁護士 (0961)
□ [7] 彼らの (　　　) は増している。	🔊 Their underline{popularity} has increased. 人気 (0964)
□ [8] (　　　) 情報	🔊 underline{necessary} information 必要な (0981)

1 次の各文の（　　　）に適する語句を**ア〜ク**から選びなさい。

☐ (1) The shopping cart (　　　) down the slope.
買い物カートは坂を滑り下りた。
キ (0905)

☐ (2) Gum (　　　) to the bottom of my shoe.
ガムが私の靴の底にくっついた。
ア (0910)

☐ (3) Those college students are (　　　) in literature.
あの大学生たちは文学を専攻している。
ク (0913)

☐ (4) The sun rose above the (　　　).
太陽が地平線の上に昇った。
ウ (0958)

☐ (5) We (　　　) eat out.
私たちはめったに外食しない。
エ (1000)

☐ (6) Would you mind (　　　) the music off?
音楽のスイッチをオフにしてもらって構いませんか。
オ (0912)

☐ (7) My sister likes reading (　　　) novels.
姉 [妹] は推理小説を読むのが好きだ。
イ (0929)

☐ (8) I woke up (　　　) after sunrise.
私は日の出の後すぐに起きた。
カ (0999)

ア stuck	**イ** mystery	**ウ** horizon	**エ** seldom
オ switching	**カ** shortly	**キ** slid	**ク** specializing

2 次の各文の（　　　）に適する語句を**ア〜エ**から選びなさい。

☐ **(1)** The principal （　　　） a special prize to him.　　ウ (0921)
校長先生は彼に特別な賞を授与した。

ア invited　　　　　　　イ allowed
ウ awarded　　　　　　エ turned

☐ **(2)** His （　　　） of living is not so high.　　ア (0933)
彼の生活水準はそれほど高くない。

ア level　　　　　　　イ amount
ウ technique　　　　　エ purpose

☐ **(3)** To begin with, take out a （　　　） of paper.　　イ (0948)
まず初めに，紙を1枚取り出してください。

ア file　　　イ sheet　　　ウ roll　　　エ bill

☐ **(4)** He should be treated as a person of high
（　　　）.　　イ (0957)
彼は高位の人として扱われるべきだ。

ア prize　　　イ rank　　　ウ price　　　エ career

☐ **(5)** The wooden house is in （　　　） with nature.　　エ (0960)
その木造家屋は自然と調和している。

ア safety　　イ network　　ウ journey　　エ harmony

☐ **(6)** The country has few （　　　） resources.　　エ (0982)
その国にはほとんど天然資源がない。

ア alive　　　イ fresh　　　ウ public　　　エ natural

☐ **(7)** This computer has been （　　　） used.　　ウ (0998)
このコンピュータはめったに使われたことがない。

ア nearly　　イ poorly　　ウ rarely　　エ mostly

☐ **(8)** Smoking may （　　　） your health.　　エ (0920)
喫煙はあなたの健康を損なう恐れがある。

ア feed　　　イ deliver　　　ウ hate　　　エ harm

1 次の語句の意味を**ア〜エ**から選びなさい。

☐ (1) survey	ア 状況	イ サービス	ウ (1018)
	ウ (詳細な)調査	エ 販売	
☐ (2) agency	ア (企業などの)部	イ 警察	ウ (1021)
	ウ 代理店	エ 見本市	
☐ (3) summary	ア 要約	イ 計画	ア (1033)
	ウ 覚え書き	エ 場面	
☐ (4) fare	ア 位置	イ 反対	エ (1064)
	ウ 合計	エ (乗り物の)料金	
☐ (5) extremely	ア 一度		イ (1095)
	イ 非常に		
	ウ これ以上(〜ない)		
	エ ほとんど		
☐ (6) spill	ア をこぼす	イ を打つ	ア (1011)
	ウ を横たえる	エ を悟る	
☐ (7) regret	ア を発見する	イ を後悔する	イ (1016)
	ウ を覆う	エ を我慢する	
☐ (8) track	ア 手品	イ 版	エ (1030)
	ウ 像	エ 線路	
☐ (9) citizen	ア 感覚	イ 知識	ウ (1061)
	ウ 市民	エ 登場人物	

2 次の語句と反対の意味を持つ語句を**ア**～**オ**から選びなさい。

□ (1) unfriendly	⇔	(	)	ア (1078)
□ (2) specific	⇔	(	)	エ (1084)
□ (3) direct	⇔	(	)	イ (1088)
□ (4) thin	⇔	(	)	ウ (1070)
□ (5) ill	⇔	(	)	オ (1082)

ア friendly イ indirect ウ thick エ general オ well

3 次の語句と似た意味を持つ語句を**ア**～**ウ**から選びなさい。

□ (1) trend	≒	(	)	イ (1023)
□ (2) effect	≒	(	)	ア (1043)
□ (3) freedom	≒	(	)	ウ (1060)

ア influence イ tendency ウ liberty

1 次の語句の意味を**ア~エ**から選びなさい。

☐ (1) temperature	ア 緊急事態 ウ 味	イ 気温 エ 便利	イ (1022)
☐ (2) spelling	ア つづり ウ 一片	イ 重さ エ 住所	ア (1032)
☐ (3) sunlight	ア 興味 ウ 努力	イ 気候 エ 日光	エ (1053)
☐ (4) stressful	ア 愚かな イ 危険な ウ (…ではないかと) 心配して エ ストレスの原因となる		エ (1069)
☐ (5) well-known	ア 十分な イ よく知られている ウ 伝統的な エ 地元の		イ (1073)
☐ (6) clear	ア 緊張している ウ 澄んだ	イ 凍った エ 基本的な	ウ (1081)
☐ (7) argue	ア と主張する イ を開催する ウ と連絡をとる エ にあいさつする		ア (1001)
☐ (8) blow	ア 到着する ウ 捜す	イ 隠れる エ (風が) 吹く	エ (1014)
☐ (9) frame	ア 事実 ウ 大通り	イ 道具 エ 額縁	エ (1063)

2 下線部の語句の意味を**ア〜ウ**から選びなさい。

☐ ⑴ the following **statement** ア 陳述　　イ 試合　　ウ 1世紀	ア (1045)
☐ ⑵ a severe **earthquake** ア 騒音　　イ 嵐　　ウ 地震	ウ (1059)
☐ ⑶ **sink** to the bottom ア 触れる　　イ 沈む　　ウ 流れる	イ (1009)
☐ ⑷ experience in the **workplace** ア 慈善事業　　イ 工場　　ウ 職場	ウ (1027)
☐ ⑸ celebrate a **victory** ア 記念日　　イ 勝利　　ウ 同僚	イ (1040)
☐ ⑹ the cost of **materials** ア 材料　　イ 手術　　ウ 教育	ア (1044)
☐ ⑺ the **capital** of Japan ア 伝統　　イ 風景　　ウ 首都	ウ (1054)
☐ ⑻ **unusual** weather ア いてつくように寒い　イ 異常な　ウ 落ち着いた	イ (1083)
☐ ⑼ **Indeed**, it's true. ア それゆえに　イ 多分　　ウ 実は	ウ (1094)
☐ ⑽ **achieve** a goal ア を発表する　イ を必要とする　ウ を達成する	ウ (1005)

訳 ⑴ 次の陳述　⑵ 激しい地震　⑶ 底に沈む　⑷ 職場での経験　⑸ 勝利を祝う　⑹ 材料費　⑺ 日本の首都　⑻ 異常な天気　⑼ 実はそれは真実なのです。　⑽ 目標を達成する

1 次の語句の意味を**ア**~**エ**から選びなさい。

☐ (1) childhood	ア 子供 ウ 子供のころ	イ 瞬間 エ 近所	ウ (1056)
☐ (2) perhaps	ア 最初は ウ 特に	イ かなり エ もしかすると	エ (1096)
☐ (3) burn	ア 戦う ウ うそをつく	イ 燃える エ 投票する	イ (1008)
☐ (4) mention	ア に言及する イ を尊敬する ウ を発明する エ を取り換える		ア (1012)
☐ (5) treatment	ア 訓練 ウ 試験	イ 治療 エ 申し込み	イ (1017)
☐ (6) temple	ア (大学・高校などの)キャンパス イ 裏庭 ウ 診療所 エ 寺		エ (1019)
☐ (7) throat	ア 膝 ウ 頭痛	イ のど エ (動物の)角	イ (1025)
☐ (8) thunderstorm	ア 雷を伴う暴風雨 イ 地平線 ウ 起源 エ 影		ア (1034)
☐ (9) crime	ア 問題 ウ 犯罪	イ 階級 エ 儀式	ウ (1051)
☐ (10) opposite	ア 混雑した ウ 騒々しい	イ 音声の エ 反対の	エ (1085)

2 下線部の語句の意味を答えなさい。

☐ (1) a **symbol** of peace
平和の(　　　) 　　　　　　　　　象徴 (1028)

☐ (2) the **theme** of this novel
この小説の(　　　) 　　　　　　テーマ (1038)

☐ (3) a **full-time** employee
(　　　)従業員 　　　　　　　　常勤の (1077)

☐ (4) He's not **totally** wrong.
彼が(　　　)間違っているわけではない。 　完全に (1090)

☐ (5) correct words **wrongly** spelled
(　　　)つづられた語を修正する 　　間違って (1092)

☐ (6) be in school **uniform**
学校の(　　　)を着ている 　　　　制服 (1020)

☐ (7) be available on the **Web**
(　　　)で手に入る 　　　　　　ウェブ (1029)

☐ (8) find the stolen **diamonds** in his house
盗まれた(　　　)を彼の家で発見する 　ダイヤモンド (1035)

☐ (9) **entertainment** for children
子供向けの(　　　) 　　　　　　娯楽 (1062)

☐ (10) This movie is **worth** seeing.
この映画は見る(　　　)。 　　　　価値がある (1071)

☐ (11) a **thick** rope
(　　　)ロープ 　　　　　　　　太い (1074)

☐ (12) **surprisingly** expensive
(　　　)高価な 　　　　　　　　驚くほど (1091)

1 音声を聞いて語句の意味を**ア～エ**から選びなさい。
（音声が聞けない場合は語句を見て選びなさい）

> ア 胃　　イ 海岸
> ウ 剣　　エ 考え

☐ (1)	🎧 thought	エ (1039)
☐ (2)	🎧 sword	ウ (1041)
☐ (3)	🎧 stomach	ア (1037)
☐ (4)	🎧 coast	イ (1046)

2 音声を聞いて語句の意味を**ア～ウ**から選びなさい。
（音声が聞けない場合は語句を見て選びなさい）

☐ (1)	ア 事実　　イ 欠点 ウ（記入するための）用紙	🎧 fault	イ (1065)
☐ (2)	ア 典型的な　イ ひどく悪い　ウ 困難な	🎧 tough	ウ (1072)
☐ (3)	ア 追加の　イ 他の　　ウ 公式の	🎧 official	ウ (1080)
☐ (4)	ア（声や音が）大きい　イ 未加工の ウ 丸い	🎧 raw	イ (1089)
☐ (5)	ア もっと遠くに　　イ ついに ウ（町の）中心部へ	🎧 further	ア (1093)
☐ (6)	ア 熱　　イ 料金　ウ 恐れ	🎧 fear	ウ (1047)
☐ (7)	ア 所有者　イ 敬意　ウ オーブン	🎧 honor	イ (1067)

□ (8) ア 気持ちの良い イ 個人的な ウ プロの │ 🎧 pleasant │ ア (1086)

3 音声を聞いて（　　　）に適切なものを答えなさい。
（音声が聞けない場合は語句を見て答えなさい）

□ (1) 経済学を（　　　） 🎧 <u>major</u> in economics
専攻する (1004)

□ (2) 彼の論文に（　　　） 🎧 <u>refer</u> to his paper
言及する (1007)

□ (3) 私の新しいコンピュータの（　　　）を読む 🎧 read the <u>manual</u> for my new computer
説明書 (1036)

□ (4) （　　　）を上げる 🎧 turn the <u>volume</u> up
音量 (1042)

□ (5) 私の（　　　）のルーツ 🎧 the roots of my <u>ancestors</u>
祖先 (1058)

□ (6) この機械の目立った（　　　） 🎧 a <u>distinctive</u> feature of this machine
特徴 (1066)

□ (7) 仕事に（　　　） 🎧 <u>concentrate</u> on work
集中する (1002)

□ (8) （　　　）誤り 🎧 an <u>awful</u> error
ひどい (1087)

1 次の各文の（　　）に適する語句を**ア～ク**から選びなさい。

☐ 〔1〕 The young teacher（　　）enough experience.　**イ**(1006)
その若い教師は十分な経験に欠けていた。

☐ 〔2〕 He（　　）that he had broken the window.　**カ**(1013)
彼は窓を割ったことを認めた。

☐ 〔3〕 It is a difficult（　　）to persuade him.　**オ**(1031)
彼を説得するのは困難な仕事だ。

☐ 〔4〕 His health（　　）is improving over time.　**ウ**(1050)
彼の健康状態は徐々に良くなっている。

☐ 〔5〕 Who plays the leading（　　）in the TV drama?　**ク**(1068)
そのテレビドラマでは誰が主役を演じているのですか。

☐ 〔6〕 The cat walked quietly（　　）the bird.　**エ**(1100)
猫は静かに鳥の方へ歩いた。

☐ 〔7〕 The train was（　　）because of the accident.　**ア**(1003)
事故のせいで電車が遅れた。

☐ 〔8〕 My brother is tall,（　　）me.　**キ**(1098)
私と違って兄［弟］は背が高い。

ア delayed	**イ** lacked	**ウ** condition	**エ** toward
オ task	**カ** admitted	**キ** unlike	**ク** role

2 次の各文の（　　　）に適する語句を**ア〜エ**から選びなさい。

☐ (1) The birth (　　) in the country has been decreasing.
その国の出生率は低下している。

ア topic　　**イ** rate　　**ウ** method　　**エ** row

イ (1057)

☐ (2) The water is not (　　) for drinking.
その水は飲むのに適していない。

ア suitable　　　　　**イ** comfortable
ウ correct　　　　　**エ** relaxing

ア (1075)

☐ (3) It is (　　) to rain.
雨が降りそうだ。

ア lately　　**イ** actually　　**ウ** luckily　　**エ** likely

エ (1079)

☐ (4) I will come back (　　) half an hour.
私は30分以内に戻ってくるつもりだ。

ア almost　　　　　**イ** sometime
ウ within　　　　　**エ** quite

ウ (1099)

☐ (5) I got the latest (　　) of the magazine.
私はその雑誌の最新号を手に入れた。

ア bar　　**イ** credit　　**ウ** view　　**エ** issue

エ (1049)

☐ (6) The temperature is five (　　) below zero now.
今，気温は氷点下5度だ。

ア scores　　**イ** degrees　　**ウ** levels　　**エ** grades

イ (1052)

☐ (7) The total floor space of the building is 30,000 (　　) meters.
その建物の総床面積は30,000平方メートルだ。

ア land　　**イ** couple　　**ウ** ground　　**エ** square

エ (1076)

☐ (8) The festival will be held (　　) it rains heavily.
大雨が降らない限り，その祭りは開催されるだろう。

ア whenever　　　　**イ** although
ウ unless　　　　　**エ** while

ウ (1097)

次の(1)から(20)までの(　　　)に入れるのに最も適切なものを**1**，**2**，**3**，**4**の中から一つ選びなさい。

☐ (1) There is a (　　　) going around Ava's school that the PE teacher is going to quit and become a professional soccer coach. The teacher won't say if it is true or not.

1 silence　**2** rumor　**3** project　**4** mistake

2 (0968)

☐ (2) Leo wants a dog, but his sister wants a cat. The whole family is going to (　　　) this weekend to decide which pet to get.

1 vote　**2** mind　**3** push　**4** knit

1 (0918)

☐ (3) Lucy's father has to go to the hospital next week for an (　　　) on his foot. He injured it while playing rugby with Lucy's older brother.

1 effect　**2** attitude　**3** item　**4** operation

4 (0949)

☐ (4) *A*: Felix! Come inside, it's (　　　) out there.
　　　B: Don't worry, Mom. I have a heavy coat on. I'll be in after I finish making this snowman.

1 freezing　**2** normal　**3** bright　**4** pleasant

1 (0895)

☐ (5) A traditional Japanese breakfast usually (　　　) of rice, miso soup, grilled fish and some side dishes such as pickled vegetables and an egg.

1 bakes　**2** arranges　**3** consists　**4** refreshes

3 (1010)

☐ (6) In 2012, Harry bought an old clock from a used goods store for $10. He sold it at an auction for $3,000. Harry was very pleased to make such a big (　　). 1 (1026)

1 profit　　**2** fare　　**3** degree　　**4** market

☐ (7) On the last day of term in July, the (　　) in the classroom is always good. The students are happy because they face six weeks' summer vacation. 1 (0855)

1 atmosphere　　　　**2** purpose
3 distance　　　　　**4** moment

☐ (8) Ms. Hamill started to teach at a high school last year. At first, there was a lot of bad (　　) from her students, but now they are more polite and work hard in class. 3 (1055)

1 opinion　　　　　**2** temperature
3 behavior　　　　　**4** instruction

☐ (9) Macey's grandfather saw a famous rock group live in the 1970s. He said the drummer was the best member of the band because he kept the (　　) perfectly in every song. 4 (0952)

1 theme　　**2** skill　　**3** track　　**4** rhythm

☐ (10) Sophia has found a good apartment and is buying (　　) for it. Tomorrow, she is going to order a dining table and chairs. 2 (0870)

1 location　　　　　**2** furniture
3 garbage　　　　　**4** housework

(11) Yesterday was the coldest day this winter. According to the radio news, the (　　) of the lake near my house was frozen.

1 surface　　**2** counter　　**3** ground　　**4** view

1 (1024)

(12) Regular exercise and a balanced diet can help prevent many serious (　　). It is also a good idea to get enough sleep and not work too hard.

1 choices　　　　　　**2** topics
3 examinations　　　　**4** diseases

4 (0835)

(13) Ben didn't want to go to piano practice today, so he (　　) to be sick. His mother said he looked fine and took him to his lesson as usual.

1 referred　　　　　　**2** admitted
3 pretended　　　　　　**4** explained

3 (1015)

(14) *A*: That's a good photo. You really (　　) your father, don't you?
B: Yes. Our eyes are similar, but I think my character is more like my mother's.

1 copy　　**2** appear　　**3** face　　**4** resemble

4 (0907)

(15) Scott works for a big computer company. He gets a good salary, but the work is hard, so he is (　　) a job change. He is interested in opening a coffee shop in his hometown.

1 considering　　　　　**2** ignoring
3 skipping　　　　　　**4** exchanging

1 (0922)

(16) *A*: Would you like to live in the city or the (   )?

B: I love the city. There are more things to do, and it is convenient although a little noisy.

4 (1048)

1 sunshine   **2** residence
3 neighborhood   **4** countryside

(17) *A*: Jason? Is that you? I almost didn't (   ) you with your new hair color.

B: Yes. I decided to change it to blond. I really like it.

3 (0828)

1 memorize   **2** apologize
3 recognize   **4** specialize

(18) Pinky's cake store made a cherry blossom donut this year. It was so popular that they had to make extra each day. Their customers have (   ) the same donut for next year, too.

2 (0831)

1 awarded   **2** requested
3 advertised   **4** remembered

(19) Joyce went to a (   ) at the National Library in the city. She enjoyed it and learned a lot about her favorite writers and novels.

2 (0956)

1 community   **2** lecture
3 membership   **4** research

(20) James went to the movies yesterday. The theater was full, so he had to sit at the very front near the screen. It was difficult watching the movie from that (   ).

4 (0871)

1 entrance   **2** style   **3** feature   **4** angle

(1) アバの学校では，体育の先生が辞職してプロのサッカーのコーチになるという<u>うわさ</u>が飛び交っている。それが本当か否か，先生は言わない。

(2) レオは犬を欲しいと思っているが，彼の妹 [姉] は猫を欲しがっている。どちらのペットを飼うべきか家族全員でこの週末に<u>投票する</u>予定だ。

(3) ルーシーの父親は来週，足の<u>手術</u>のため病院へ行かなければならない。彼はルーシーの兄とラグビーをしている最中にそれを損傷した。

(4) A：フェリクス！　中に入りなさい，外は<u>いてつくように</u>寒いわ。
　　B：ママ，心配しないで。厚いコートを着ている。この雪だるまを作り終えたら中に入るよ。

(5) 日本の伝統的な朝食はたいてい，米，みそ汁，焼き魚，そして野菜の漬物や卵などの副菜から<u>成る</u>。

(6) 2012年，ハリーは中古ショップにて古時計を10ドルで買った。彼はそれを競売に出して3,000ドルで売った。ハリーはこんなに大きな<u>利益</u>を得てとても喜んだ。

(7) 7月の学期最終日はいつもクラス内の<u>雰囲気</u>がよい。生徒たちは6週間の夏休みがあるため嬉しいのだ。

(8) ハミル先生は昨年，ある高校で教え始めた。当初は，生徒による多くの悪い<u>振る舞い</u>が見られたが，今では彼らはより礼儀正しくなり，授業に一生懸命に取り組んでいる。

(9) メイシーの祖父は1970年代に有名なロックグループのライブを見た。彼は，どの曲においても完ぺきに<u>リズム</u>を保持するドラマーがメンバーの中で一番だと言った。

(10) ソフィアはよいアパートを見つけ，そのための家具を買おうとしている。明日，彼女はダイニングテーブルとイスを注文する予定だ。

(11) 昨日はこの冬最も寒い日だった。ラジオのニュースによれば，家の近くにある湖の<u>表面</u>が凍ったという。

(12) 定期的な運動とバランスの取れた食事は多くの深刻な<u>病気</u>を防ぐのを助ける。十分な睡眠を取ることと，激しく働きすぎないこともまたよい考えだ。

(13) ベンは今日ピアノの稽古に行きたくなかったので，<u>病気のふりをした</u>。母親は彼は元気そうだと言い，いつもどおり彼を稽古に連れて行った。

(14) A：それはいい写真だね。君は本当にお父さん<u>に似ている</u>よね？
　　B：そうだね。目が似ているけど，性格はより母に似ていると思うよ。

(15) スコットは大手コンピュータ会社で働いている。給料はよいが，仕事が激務であるため，彼は転職<u>を熟考</u>している。彼は故郷でコーヒーショップを開くことに興味がある。

(16) A：あなたは都市に住みたいですか，それとも<u>田舎</u>に住みたいですか。
　　B：私は都市が大好きです。少し騒々しいですが，することがより多くあり，便利です。

(17) A：ジェイソン？　あなたなの？　新しい髪色でほとんどあなただ<u>とわから</u>なかったわ。
　　B：うん。金髪に変えようと決めたんだ。とても気に入っているよ。

(18) ピンキーのケーキ店は今年，桜のドーナッツを作った。とても人気だったので，毎日余分に作らなければならなかった。顧客は来年に向けて同じドーナッツ<u>を要望</u>している。

(19) ジョイスは市内にある国立図書館での<u>講義</u>に行った。彼女はそれを楽しみ，お気に入りの著者や小説について多くを学んだ。

(20) ジェームズは昨日，映画を見に行った。劇場は満席だったため，彼はスクリーンの真ん前に座らなければならなかった。その<u>角度</u>から映画を見るのは厳しかった。

熟語編

よくでる重要熟語 ● **200**

1 次の語句の意味を**ア**～**ウ**から選びなさい。

☐ (1) these days	**ア** 今後ずっと **イ** このごろ **ウ** いつものように	**イ** (1106)
☐ (2) because of ~	**ア** ～に特有である **イ** ～を担当して **ウ** ～の理由で	**ウ** (1109)
☐ (3) help *A* (to) *do*	**ア** Aに親切な行為をする **イ** Aに～を案内する **ウ** Aが～するのを助ける	**ウ** (1111)
☐ (4) as well	**ア** もまた **イ** 知っての通り **ウ** 例えば	**ア** (1156)
☐ (5) search *A* for *B*	**ア** AにBを供給する **イ** Bを求めてA（場所）を探す **ウ** AをBと交換する	**イ** (1170)
☐ (6) be different from ~	**ア** ～と異なる **イ** ～から離れる **ウ** ～に近づかないでいる	**ア** (1172)
☐ (7) help *A* with *B*	**ア** AをBに至らせる **イ** AをBに紹介する **ウ** AのBを手伝う	**ウ** (1149)
☐ (8) take off ~	**ア** ～を引き継ぐ **イ** ～を心配する **ウ** （身につけていた物）を脱ぐ	**ウ** (1176)
☐ (9) even if ...	**ア** まるで…のように **イ** たとえ…でも **ウ** …だけれども	**イ** (1167)

| □ (10) except for ~ | ア ～が原因で
イ ～を除いては
ウ ～のお返しに | イ (1175) |
| □ (11) have a baby | ア 赤ちゃんができる
イ 赤ちゃんの世話をする
ウ 赤ちゃんを揺らす | ア (1151) |

2 次の語句と似た意味を持つ語句を**ア～カ**から選びなさい。

□ (1) find out ~	≒ (　　　)	オ (1127)
□ (2) take part in ~	≒ (　　　)	ウ (1130)
□ (3) think about *doing*	≒ (　　　)	イ (1178)
□ (4) set up ~	≒ (　　　)	ア (1182)
□ (5) take care of ~	≒ (　　　)	カ (1101)
□ (6) be worried about ~	≒ (　　　)	エ (1120)

| ア establish | イ think of *doing* | ウ participate in ~ |
| エ be concerned about ~ | オ discover | カ look after ~ |

1 次の語句の意味を**ア**～**ウ**から選びなさい。

□ (1) get better	ア 体調が良くなる イ 進路を変える ウ 実現する	ア (1164)
□ (2) thanks to ～	ア できるだけ～ イ ～に加えて ウ ～のおかげで	ウ (1171)
□ (3) a few ～	ア 1対の～ イ 少数の～ ウ たくさんの～	イ (1103)
□ (4) pick A up	ア Aと会う約束をする イ Aを元気づける ウ Aを車で迎えに行く	ウ (1139)
□ (5) see (to it) that ...	ア …であればいいのにと思う イ 必ず…するように取り計らう ウ 重要な点は…である	イ (1144)
□ (6) (all) by *oneself*	ア 1人きりで イ グループで ウ 初めて	ア (1196)
□ (7) the first time ...	ア …するときまでに イ …するとすぐに ウ 初めて…するとき	ウ (1140)
□ (8) have time to *do*	ア ～することを楽しみに待つ イ まさに～するところである ウ ～する時間を持つ	ウ (1135)
□ (9) be used to *doing*	ア ～するよう期待されている イ ～するのに慣れている ウ まさに～するところである	イ (1105)

2 下線部の語句の意味を**ア**〜**ウ**から選びなさい。

☐ (1) start the meeting **on time**	**イ** (1143)
ア すぐに　　**イ** 時間通りに　**ウ** オンラインで	
☐ (2) **do well** in exams	**ア** (1166)
ア うまくいく　**イ** 動揺する　**ウ** 集中する	
☐ (3) **ask for** a second opinion	**ウ** (1181)
ア を受け入れる　**イ** を気にする　**ウ** を求める	
☐ (4) **a variety of** environmental problems	**イ** (1185)
ア 重要な　　　**イ** さまざまな　**ウ** 主な	
☐ (5) **go into** the theater	**ウ** (1188)
ア に到着する　**イ** を借りる　　**ウ** の中に入る	
☐ (6) **give up** the plan	**イ** (1190)
ア を忘れる　　**イ** をあきらめる　**ウ** を信じる	
☐ (7) **pay for** the trip	**ア** (1113)
ア の費用を払う　**イ** に加わる　**ウ** をやめる	
☐ (8) **live on** rice	**ア** (1122)
ア を常食とする　**イ** を分ける　**ウ** を供給する	
☐ (9) see a doctor **right away**	**ウ** (1141)
ア 一度　　　　**イ** 後で　　　　**ウ** 直ちに	
☐ (10) **decide on** leaving this town	**イ** (1195)
ア を後悔する　**イ** に決める　**ウ** に気づく	

訳 (1) 時間通りに会議を始める　(2) 試験でうまくいく　(3) 他の人の意見を求める
(4) さまざまな環境問題　(5) 劇場の中に入る　(6) その計画をあきらめる
(7) その旅行の費用を払う　(8) 米を常食とする　(9) 直ちに医者に診てもらう
(10) この町を去ることに決める

1 次の語句の意味を**ア**~**ウ**から選びなさい。

☐ (1) get *A* to *do*	ア Aに~する方法を教える イ Aに~してもらいたい ウ Aに~させる	ウ (1110)
☐ (2) thank *A* for *B*	ア AをBと比べる イ AをBに返品する ウ AにBを感謝する	ウ (1119)
☐ (3) in order to *do*	ア ほとんど~ない イ ~するために ウ めったに~しない	イ (1142)
☐ (4) happen to *do*	ア たまたま~する イ ~しないように用心する ウ ~してばかりいる	ア (1145)
☐ (5) take *A* for *B*	ア AにBを申し出る イ AをBと間違える ウ AにBを貸す	イ (1155)
☐ (6) next to ~	ア ~の隣に イ ~を除いては ウ ~の後ろに	ア (1159)
☐ (7) where to *do*	ア いつ~すべきか イ ~する人は誰でも ウ どこへ~すべきか	ウ (1169)
☐ (8) sound like ~	ア ~の意味を理解する イ ~のようだ ウ 成長して~になる	イ (1173)
☐ (9) at least	ア 最近 イ なかなか ウ 少なくとも	ウ (1184)

2 下線部の語句の意味を答えなさい。

□ (1) **work for** the company
その会社（　　　）
で働く (1137)

□ (2) The station is **far from** here.
駅はここ（　　　）。
から遠い (1146)

□ (3) travel long distances without **getting lost**
（　　　）ことなく長い距離を移動する
道に迷う (1150)

□ (4) **turn off** all the lights
すべての明かり（　　　）
を消す (1157)

□ (5) **have fun** playing games
ゲームをして（　　　）
楽しむ (1160)

□ (6) go to work **on foot**
（　　　）通勤する
徒歩で (1174)

□ (7) **a number of** women
（　　　）女性
たくさんの (1180)

□ (8) **come up with** funny ideas
おかしな考え（　　　）
を思いつく (1183)

□ (9) look at **each other**
（　　　）を見つめる
お互い (1116)

□ (10) **get married** to him
彼と（　　　）
結婚する (1133)

□ (11) **look after** the kitten
その子猫（　　　）
の世話をする (1186)

□ (12) She **is in the hospital**.
彼女は（　　　）。
入院している (1194)

1 音声を聞いて語句の意味を**ア～ウ**から選びなさい。
(音声が聞けない場合は語句を見て選びなさい)

□ (1) ア 偶然に　　イ 心から　　ウ 初めは	🎧 at first	ウ (1117)
□ (2) ア 結局 (は)　　イ 昔は　　ウ じきに	🎧 in the past	イ (1121)
□ (3) ア とにかく　　イ 遠くに　　ウ 永久に	🎧 far away	イ (1124)
□ (4) ア 意識を回復する　イ 呼吸する　ウ 注意する	🎧 take care	ウ (1102)
□ (5) ア ～のスイッチを入れる　イ ～に基づいている　ウ ～を拾い上げる	🎧 pick up ～	ウ (1112)
□ (6) ア ～のような　イ いろいろな　ウ 全体の	🎧 such as ～	ア (1114)
□ (7) ア …であることを確実にする　イ …かなと思う　ウ …であるように見える	🎧 look like ...	ウ (1125)
□ (8) ア 集まる　イ (太陽・月などが) 出る　ウ 賛成する	🎧 come out	イ (1158)
□ (9) ア 売り出し中で　イ 暗記して　ウ 万一に備えて	🎧 on sale	ア (1163)

2 音声を聞いて語句の意味を**ア〜エ**から選びなさい。
（音声が聞けない場合は語句を見て選びなさい）

| ア ～を着用する |
| イ ～をすっかりきれいに する |
| ウ ～の用意ができている |
| エ ～を恐れる |

☐	(1)	🎧 be afraid of ~	エ (1134)
☐	(2)	🎧 be ready for ~	ウ (1147)
☐	(3)	🎧 clean up ~	イ (1129)
☐	(4)	🎧 put on ~	ア (1132)

3 音声を聞いて（　　）に適切なものを答えなさい。
（音声が聞けない場合は語句を見て答えなさい）

☐ (1) 空き缶（　　）	🎧 <u>throw away</u> empty cans を捨てる (1165)
☐ (2) 負傷者たちを（　　）治療 する	🎧 treat injured people <u>for free</u> 無料で (1179)
☐ (3) （　　）彼女はひどいけが をしていた。	🎧 <u>In fact</u>, she was badly injured. 実際は (1126)
☐ (4) 歴史の論文（　　）	🎧 <u>work on</u> his history paper に取り組む (1138)
☐ (5) 今晩6時に2人で（　　）	🎧 <u>make a reservation</u> for two people at six tonight 予約する (1148)
☐ (6) （　　）紙	🎧 <u>a piece of</u> paper 1枚の (1161)

1 次の各文の（　　　）に適する語句を**ア～ク**から選びなさい。

☐ (1) Soon it became (　　　) most popular restaurants in the town.

まもなくそれは町で一番人気のあるレストランの1つになった。

カ (1168)

☐ (2) Why (　　　) did you make such a mistake?

一体全体あなたはどうしてそんな失敗をしたのですか。

ク (1193)

☐ (3) There (　　　) a big cherry tree in the garden.

かつて庭には大きな桜の木があった。

エ (1104)

☐ (4) Getting moderate exercise regularly will (　　　) you good.

定期的に適度な運動をすることはあなたのためになるだろう。

オ (1118)

☐ (5) The little girl didn't (　　　) money to buy that doll.

その小さな女の子はその人形を買うのに十分なお金を持っていなかった。

イ (1136)

☐ (6) We canceled our picnic, so we had to think about (　　　) instead.

私たちはピクニックを中止したので，代わりに何をすべきか考えなければならなかった。

キ (1152)

☐ (7) The speaker spoke clearly (　　　) the audience could understand her well.

講演者は聴衆がよく理解できるように，はっきりと話した。

ア (1162)

☐ (8) Can you mail this letter on your (　　　) school?

学校に行く途中で，この手紙を投函してもらえますか。

ウ (1199)

ア so that	**イ** have enough	**ウ** way to	**エ** used to be
オ do	**カ** one of the	**キ** what to do	**ク** on earth

☐ (1) He always tells his children to (　　) money on only necessary things.

エ (1200)

彼は必要なものだけにお金を使うように子供たちにいつも言う。

ア train　　**イ** cost　　**ウ** save　　**エ** spend

☐ (2) I was (　　) tired from work that I went to bed early.

ア (1115)

私は仕事でとても疲れていたので早く寝た。

ア so　　**イ** too　　**ウ** poorly　　**エ** finally

☐ (3) I believe him because he would be (　　) person to tell a lie.

ウ (1153)

彼は最もうそをつきそうにない人だから，僕は彼の言うことを信じるよ。

ア an honest　　**イ** the first　　**ウ** the last　　**エ** a polite

☐ (4) I'd like you to translate this passage (　　) English.

エ (1192)

あなたにこの文章を英語に翻訳してもらいたいのですが。

ア against　　**イ** toward　　**ウ** through　　**エ** into

☐ (5) I like what he says, but I don't like (　　) he talks.

イ (1108)

彼の言っていることは好きだけれど，彼の話し方は好きではない。

ア to the point　　**イ** the way　　**ウ** how far　　**エ** by far

☐ (6) You are (　　) young to go out alone at night. Stay inside.

エ (1107)

君は夜1人で外出するには幼すぎる。家にいなさい。

ア nearly　　**イ** so　　**ウ** mostly　　**エ** too

☐ (7) Thank you for showing me (　　) send e-mails on the computer.

イ (1198)

コンピュータでメールを送る方法を教えていただき，ありがとうございます。

ア in charge of　　　　**イ** how to
ウ make up for　　　　**エ** for sure

1 次の語句の意味を**ア〜ウ**から選びなさい。

☐ (1) make out 〜	ア 〜の心に訴える イ 〜に注意する ウ 〜を理解する	ウ (1218)	
☐ (2) introduce *A* to *B*	ア AをBに返品する イ Bを求めてA (場所) を探す ウ AをBに紹介する	ウ (1228)	
☐ (3) by the side of 〜	ア 〜のそばに イ 〜と一緒に ウ 〜の初めに	ア (1279)	
☐ (4) compare *A* with *B*	ア AをBに至らせる イ AをBと比べる ウ AのBを手伝う	イ (1281)	
☐ (5) make friends with *A*	ア Aを車で迎えに行く イ Aと友達になる ウ Aを元気づける	イ (1294)	
☐ (6) for the first time	ア 初めて イ 最初は ウ ついに	ア (1214)	
☐ (7) go to the doctor	ア 病気で寝ている イ よく眠る ウ 医者に診てもらう	ウ (1238)	
☐ (8) see if …	ア …であればいいのに (と思う) イ …かどうか確かめる ウ …であろうとなかろうと	イ (1243)	
☐ (9) go ahead	ア 探し求める イ 待つ ウ 先に行く	ウ (1254)	

☐ (10) be typical of ~	ア ~に特有である イ ~を満たす ウ ~をねたんでいる	ア (1278)
☐ (11) complain about ~	ア ~のことを感謝している イ ~について不平を言う ウ ~に取り組む	イ (1231)

2 次の語句と反対の意味を持つ語句を**ア～ウ**から選びなさい。

☐ (1) check in	⇔ ( )	イ (1220)
☐ (2) come down	⇔ ( )	ア (1224)
☐ (3) get on ~	⇔ ( )	ウ (1229)

> ア go up イ check out ウ get off ~

3 次の語句と似た意味になるように ( ) に適する語句を**ア～エ**から選びなさい。

☐ (1) turn down ~	≒ ( )	ア (1227)
☐ (2) put down ~	≒ ( ) down ~	イ (1273)
☐ (3) drop by	≒ ( ) by	エ (1285)
☐ (4) put off ~	≒ ( )	ウ (1289)

> ア refuse イ write ウ postpone エ stop

1 次の語句の意味を**ア**~**ウ**から選びなさい。

☐ (1) on (the) average	**ア** 特に **イ** 驚くほど **ウ** 平均して	ウ (1223)
☐ (2) add *A* to *B*	**ア** AをBに加える **イ** BにちなんでAを名づける **ウ** AにBを感謝する	ア (1230)
☐ (3) grow up to be ~	**ア** ~の準備をする **イ** ~する時間を持つ **ウ** 成長して~になる	ウ (1247)
☐ (4) as ~ as possible	**ア** 何を~すべきか **イ** できるだけ~ **ウ** ~するために	イ (1250)
☐ (5) by nature	**ア** 驚いたことに **イ** 生まれつき **ウ** ある意味では	イ (1269)
☐ (6) exchange *A* for *B*	**ア** AをBと交換する **イ** AをBと間違える **ウ** BからAを取り出す	ア (1262)
☐ (7) in time for ~	**ア** ~を除いては **イ** ~の代わりに **ウ** ~に間に合って	ウ (1266)
☐ (8) so far	**ア** 願わくば **イ** もしかすると **ウ** 今までのところ	ウ (1206)
☐ (9) together with ~	**ア** ~のお返しに **イ** ~に加えて **ウ** ~を担当して	イ (1213)

2 下線部の語句の意味を**ア**～**ウ**から選びなさい。

☐ (1) **take over** the family business
　　ア を祝う　　イ を引き継ぐ　ウ を調べる

イ (1235)

☐ (2) **fill out** the application form
　　ア を管理する　イ をダウンロードする　ウ に書き込む

ウ (1245)

☐ (3) **stop by** his house
　　ア に立ち寄る　イ に気づく　　ウ のそばを通る

ア (1257)

☐ (4) meet an old friend at the station **by chance**
　　ア 運良く　　　イ 後で　　　　ウ 偶然に

ウ (1261)

☐ (5) **focus on** problems with the plan
　　ア を説明する　イ についてよく考える
　　ウ に焦点を絞る

ウ (1286)

☐ (6) The mid-term exams **are over**.
　　ア 終わっている　イ 必要である　ウ 困難である

ア (1293)

☐ (7) **look over** the document
　　ア を盗む　イ の写しを取る　ウ をざっと調べる

ウ (1221)

☐ (8) A lot of people were **lining up**.
　　ア 道に迷って　イ 列を作って　ウ 入院して

イ (1234)

☐ (9) **lose sight of** his goal
　　ア を見失う　　イ に言及する　ウ を必要とする

ア (1288)

☐ (10) **stay away from** a barking dog
　　ア に食べ物を与える　イ を嫌う
　　ウ に近づかないでいる

ウ (1291)

熟語編　でる度 A　B　Section 13-2

訳 (1) 家業を引き継ぐ　(2) 申込書に書き込む　(3) 彼の家に立ち寄る
(4) 駅で偶然に昔の友達に会う　(5) その計画の問題点に焦点を絞る
(6) 中間テストは終わっている。　(7) その書類をざっと調べる　(8) 多くの人が列を作っていた。
(9) 目標を見失う　(10) ほえている犬に近づかないでいる

1 次の語句の意味を**ア~ウ**から選びなさい。

☐ (1) before long	**ア** まもなく **イ** 完全に **ウ** (未来の)いつか		ア (1260)
☐ (2) be about to *do*	**ア** ~次第である **イ** まさに~するところである **ウ** 結局~に終わる		イ (1277)
☐ (3) cut off ~	**ア** ~に出かける **イ** ~を切り離す **ウ** ~で疲れている		イ (1282)
☐ (4) keep up with ~	**ア** ~に遅れないでついていく **イ** ~に関係がある **ウ** ~で忙しい		ア (1222)
☐ (5) go over ~	**ア** ~を片付ける **イ** ~を実行する **ウ** ~を見直す		ウ (1225)
☐ (6) have time for ~	**ア** ~に追いつく **イ** ~のための時間を持つ **ウ** ~とうまくやっていく		イ (1232)
☐ (7) ... enough to *do*	**ア** 何か~する…なもの **イ** とても~なので… **ウ** ~するのに十分…		ウ (1252)
☐ (8) do *A* a favor	**ア** Aに~させる **イ** Aに~する方法を教える **ウ** Aに親切な行為をする		ウ (1283)

2 下線部の語句の意味を答えなさい。

☐ (1) **graduate from** university
　　大学（　　　　） / を卒業する (1209)

☐ (2) Could you **call** me **back**?
　　私に（　　　　）てもらえますか。 / 電話をかけ直し (1237)

☐ (3) **come to life** about three hours after the operation
　　手術から3時間ほどして（　　　　） / 意識を回復する (1280)

☐ (4) **a pair of** soccer shoes
　　（　　　　）サッカーシューズ / 1足の (1297)

☐ (5) There was a lot more traffic **than usual** this morning.
　　今朝は（　　　　）ずっと交通量が多かった。 / いつもより (1201)

☐ (6) **run after** the thief
　　泥棒（　　　　） / を追いかける (1226)

☐ (7) He **shows off** everything he wears.
　　彼は身につけているものは何でも（　　　　）。 / 見せびらかす (1290)

☐ (8) **walk around** a town
　　町（　　　　） / を歩き回る (1202)

☐ (9) **In the end**, he succeeded.
　　（　　　　），彼は成功した。 / 最後には (1211)

☐ (10) study **in a group**
　　（　　　　）勉強する / グループで (1239)

☐ (11) **shake hands** with the President of the U.S.
　　アメリカ大統領と（　　　　） / 握手をする (1241)

☐ (12) He **is responsible for** the accident.
　　彼はその事故（　　　　）。 / に対して責任がある (1268)

1 音声を聞いて語句の意味を**ア**～**ウ**から選びなさい。
（音声が聞けない場合は語句を見て選びなさい）

□ (1)	ア いつでも　イ 一度に ウ 前方に	🎧 at a time	イ (1259)
□ (2)	ア 努力する　イ 間違える ウ 違いをもたらす	🎧 make a mistake	イ (1264)
□ (3)	ア 見つけ出す イ 遠い ウ 転ぶ	🎧 fall down	ウ (1299)
□ (4)	ア 例えば　イ しばらくの間 ウ 無料で	🎧 for instance	ア (1244)
□ (5)	ア なしで済ます イ うまくいく ウ 洗濯をする	🎧 do the laundry	ウ (1284)
□ (6)	ア ～の用意ができている イ ～で作られている ウ ～であると言われている	🎧 be made from ～	イ (1295)
□ (7)	ア （外見などに反して）実際は イ あらかじめ ウ すぐに	🎧 in a minute	ウ (1300)
□ (8)	ア ～に成功する イ 必ず～するように取り計らう ウ ～を発送する	🎧 send out ～	ウ (1272)
□ (9)	ア 時間通りに　イ 週に1度 ウ 要求があり次第	🎧 once a week	イ (1298)

2 音声を聞いて語句の意味を**ア〜エ**から選びなさい。
（音声が聞けない場合は語句を見て選びなさい）

ア （ちょうど）今
イ 急いで
ウ 知っての通り
エ 〜に加えて

□	(1)	🎧 in a hurry	イ (1265)
□	(2)	🎧 as you know	ウ (1292)
□	(3)	🎧 in addition to 〜	エ (1263)
□	(4)	🎧 at the (very) moment	ア (1271)

3 音声を聞いて（　　　）に適切なものを答えなさい。
（音声が聞けない場合は語句を見て答えなさい）

□ (1) その数学の先生は生徒（　　　）。	🎧 The math teacher is <u>popular with</u> the students. **に人気がある** (1210)
□ (2) 10分間ほど（　　　）	🎧 <u>take a break</u> for about ten minutes **休憩する** (1249)
□ (3) 森の木（　　　）	🎧 <u>cut down</u> trees in the forest **を切り倒す** (1258)
□ (4) それは君（　　　）。	🎧 It's <u>up to</u> you. **次第である** (1203)
□ (5) 昼食のために（　　　）	🎧 <u>go out</u> for lunch **外出する** (1287)
□ (6) 動物園から（　　　）	🎧 <u>run away</u> from the zoo **逃げる** (1296)

1 次の各文の（　　）に適する語句を**ア～ク**から選びなさい。

☐ (1) I'm sorry, I don't (　　) talking right now.　　　**エ** (1215)
悪いけど，僕は今，話をしたい気分ではないんだ。

☐ (2) Could you tell me (　　) to the nearest station?　　**ア** (1242)
最寄りの駅までの行き方を教えていただけますか。

☐ (3) I graduated from college in the same year
(　　) your father.　　　**ウ** (1255)
私はあなたのお父さんと同じ年に大学を卒業した。

☐ (4) This event is (　　) summer festivals in Japan.　　**オ** (1204)
この行事は日本の夏祭りと似ている。

☐ (5) Some low-income families will receive more
money (　　) the changes in the law.　　　**キ** (1217)
低所得の家庭の中には法律の変更によってもっと多くのお金を受け取る家庭もあるだろう。

☐ (6) In the West, bread is (　　) considered a kind of
food, but it is also a symbol for food in general.　**カ** (1240)
西洋ではパンは単に食べ物の一種と考えられているだけでなく，食べ物全般の象徴でもある。

☐ (7) I (　　) you to give a hand to people in need.　　**イ** (1246)
私はあなたがたに困っている人に手を差しのべていただきたいのです。

☐ (8) The children are (　　) having a barbecue.　　　**ク** (1274)
子供たちはバーベキューをするのを楽しみにしている。

ア how to get	**イ** would like	**ウ** as
エ feel like	**オ** similar to	**カ** not only
キ due to	**ク** looking forward to	

□ 〔1〕 After using the dictionaries, please （　　　） put them back where they were.　　**ウ**（1208）

辞書を使い終わったら, 必ずそれらを元あった場所に戻してください。

ア be expected to　　　　**イ** be aware of
ウ be sure to　　　　　　**エ** be ready to

□ 〔2〕 My uncle is not a dentist （　　　） a physician.　　**エ**（1212）

私のおじは歯科医ではなく, 内科医だ。

ア while　　**イ** unless　　**ウ** although　**エ** but

□ 〔3〕 The mother told her son to buy notebooks, pencils, erasers, （　　　）.　　**エ**（1267）

その母親は息子にノートや鉛筆, 消しゴムなどを買うように言った。

ア on sale　**イ** at least　　**ウ** after all　**エ** and so on

□ 〔4〕 I like classical music （　　　） jazz.　　**イ**（1207）

私はジャズはもちろんのことクラシック音楽も好きだ。

ア in other words　　　　**イ** as well as
ウ for sure　　　　　　　**エ** in turn

□ 〔5〕 （　　　） she arrived, we had finished cleaning.　　**ウ**（1219）

彼女が到着するまでに, 私たちは掃除を終えていた。

ア For a minute　　　　　**イ** As long as
ウ By the time　　　　　　**エ** Now that

□ 〔6〕 I will send you an e-mail （　　　） we decide the date and place for the party.　　**ア**（1236）

パーティーの日にちと場所が決まったらすぐにメールを送りますね。

ア as soon as　**イ** by far　**ウ** in line　**エ** right away

□ 〔7〕 （　　　） everything is ready for the party by five.　　**エ**（1251）

必ず5時までにパーティーの準備がすべてできているようにしてください。

ア Take care of　　　　　**イ** In particular
ウ Bring back　　　　　　**エ** Make sure that

熟語編

でる度
A

B

Section 13-5

英検形式にチャレンジ!

次の(1)から(18)までの(　　　)に入れるのに最も適切なものを**1**，**2**，**3**，**4**の中から一つ選びなさい。

☐ **(1)** The city announced a new shopping mall would open in Buckley Town. In only one week, more than 3,000 people had (　　　) jobs there.

2 (1216)

1 checked in　　　　**2** applied for
3 taken over　　　　**4** stopped by

☐ **(2)** Julie wants to help the environment. (　　　) driving to work each day, she now goes by bicycle. This helps keep the air cleaner and is also good exercise.

2 (1154)

1 Before long　　　　**2** Instead of
3 Even if　　　　　　**4** Due to

☐ **(3)** Daiki often (　　　) during classes. His teacher told his parents about this, so now Daiki has to go to bed earlier on school nights.

4 (1205)

1 looks over　　　　**2** gets together
3 turns down　　　　**4** falls asleep

☐ **(4)** When going to a restaurant, many people (　　　) reviews online. This way, they can read opinions from other customers first.

2 (1128)

1 drop by　　　　**2** look up
3 show off　　　　**4** bring back

(5) These days, a lot of people (　　　) working from home to being in the office. They say they can save time by not taking a train and can see their family and friends more.

1 (1253)

1 prefer　　　　　　　　**2** introduce
3 lead　　　　　　　　　**4** help

(6) *A*: Brett! Stop playing video games and (　　　) for school!
B: There is no school today, Mom. It's spring break.

2 (1177)

1 get away　　　　　　　**2** get ready
3 get in　　　　　　　　**4** get better

(7) Ivan took the wrong suitcase home from the airport (　　　). Luckily, the owner's name was on a label, so Ivan contacted him, and they exchanged bags.

3 (1248)

1 on foot　　　　　　　**2** in case
3 by mistake　　　　　　**4** for instance

(8) Lucinda is in a theater group in her town. They meet every Thursday and sometimes do plays. She doesn't want to act professionally; she just enjoys doing it (　　　).

1 (1256)

1 for fun　　　　　　　**2** at least
3 by heart　　　　　　　**4** on average

(9) *A*: I think we need to order some more pizza. We only have (　　　) slices left.
B: I agree. I'll call the store now.

1 (1191)

1 a couple of　　　　　**2** a lot of
3 anything but　　　　　**4** by far

熟語編

でる度
A
B

☐ (10) Mr. and Mrs. Green were angry with their son
Carl because he lost his sister's doll (   ). He
has to say sorry and pay for a new one.

2 (1270)

    1 upside down   **2** on purpose
    3 in advance   **4** for sure

☐ (11) *A*: Ben, I don't think we can win this game.
     There are only 5 minutes left.
    B: Don't give up yet. Let's just (   ) trying to
     score more points.

2 (1131)

    1 pick up   **2** keep on
    3 stand for   **4** come across

☐ (12) Mrs. Porter's family was worried because she
didn't answer her phone all day on Tuesday. On
Wednesday morning, they were happy to
(   ) her. She had been on a short trip.

3 (1233)

    1 start with   **2** run after
    3 hear from   **4** complain about

☐ (13) Samantha is getting married in June. She
(   ) over thirty dresses before finally finding
the one she liked.

4 (1197)

    1 handed in   **2** stood by
    3 cut down   **4** tried on

☐ (14) Alex is spending one year at a university in
Kanazawa. His parents in the UK sometimes
send him a box of new clothes (   ) some of
his favorite snacks.

1 (1187)

    1 along with   **2** because of
    3 thanks to   **4** up to

☐ (15) Jake (　　) many times during the first year of high school, but has grown up a lot and is now president of the student council.

1 kept close **2** was in trouble
3 shook hands **4** was involved

2(1275)

☐ (16) Some people like to use candles in their homes, especially ones that smell good. However, for safety reasons they must (　　) the candles before going to sleep.

1 take off **2** set up **3** put out **4** wait for

3(1123)

☐ (17) The weather in Hawaii is warm and sunny (　　). This is one reason why it is such a popular tourist destination from January to December.

1 all year round **2** every other day
3 for a while **4** now and then

1(1276)

☐ (18) "Hina-matsuri" is a traditional Japanese event that (　　) on March 3rd every year. It celebrates the health and happiness of young girls.

1 hopes for **2** relies on
3 takes place **4** goes over

3(1189)

熟語編

でる度
A

B

(1) 市はバックリータウンに新しいショッピングモールが開店すると告知した。たった1週間で3,000人以上の人々がそこでの仕事に応募した。

(2) ジュリーは自然環境を助けたいと思っている。毎日仕事に行くのに車を運転する代わりに，彼女は今，自転車で行っている。これは空気をきれいに保つことを助け，よい運動にもなる。

(3) ダイキは授業中によく寝入る。先生がこのことについて彼の両親に話したので，今ダイキは学校のある日の夜は早めに寝なければならない。

(4) レストランに行く際，多くの人がオンラインで批評を調べる。こうすることで，まず他のお客さんの意見を読むことができる。

(5) このごろ，多くの人々が職場にいるより家から働くことを好む。彼らは，電車に乗らないことで時間を節約でき，より多く家族や友人に会えると言う。

(6) A：ブレット！　テレビゲームをするのをやめて学校の準備をしなさい！
B：ママ，今日学校はないよ。春休みだよ。

(7) イヴァンは誤って空港から家へ間違ったスーツケースを持ってきた。幸い，ラベルに持ち主の名前があったので，イヴァンは彼に連絡を取り，彼らはカバンを交換した。

(8) ルシンダは町の劇団に入っている。彼らは毎週木曜日に会ってときどき劇を行う。彼女は専門的に演技がしたいのではない。ただ遊びでそれを楽しんでいるのだ。

(9) A：もう何枚かピザを注文する必要があると思う。あと2，3切れしか残っていない。
B：私もそう思う。今，店に電話するね。

(10) グリーン夫妻は息子のカールが妹［姉］の人形をわざとなくしたため彼に怒っていた。彼は謝って新しいものを買わなければいけない。

(11) A：ベン，この試合に僕たちが勝てると思えないよ。あと5分しか残っていない。
B：まだあきらめるな。もっと得点を取るようひたすら試し続けよう。

(12) ポーターさんの家族は，彼女が火曜日中ずっと電話に出なかったので心配していた。水曜日の朝，彼女から連絡を受けて彼らは嬉しかった。彼女は小旅行に出かけていた。

(13) サマンサは6月に結婚する予定だ。彼女は最終的に気に入った1着を見つけるまで30着以上のドレスを試着した。

(14) アレックスは金沢の大学で一年過ごしている。英国にいる彼の両親はときどき，彼の好きな菓子と一緒に新しい服を詰めた箱を彼に送る。

(15) ジェイクは高校の初めの1年間は何度も困った状態にあったが，大いに成長し，今では生徒会の会長を務めている。

(16) 家で，特に香りのよいキャンドルを使うのを好む人たちがいる。しかしながら，安全上の理由で寝る前にはキャンドルの火を消さなければならない。

(17) ハワイの天気は一年中暖かく晴れている。これが，1月から12月まであれほど人気の観光地である理由の1つだ。

(18) 「ひな祭り」は毎年3月3日に行われる日本の伝統的な行事である。それは少女たちの健康と幸せを祝う。

熟語編

差がつく応用熟語 ● **200**

でる度 **B**

1 次の語句の意味を**ア**~**ウ**から選びなさい。

□ (1) give *A* a ride
ア Aを車に乗せる
イ Aの役に立つ
ウ Aを元気づける
ア (1359)

□ (2) fill up ~
ア ~を置いていく
イ 成長して~になる
ウ ~を満たす
ウ (1326)

□ (3) something ... to *do*
ア 何か~する…なもの
イ とても~なので…
ウ ~するのに十分…
ア (1365)

□ (4) on *one's* way home
ア 急いで
イ 家に帰る途中で
ウ 遊びで
イ (1301)

□ (5) have a chance to *do*
ア ~する時間を持つ
イ ~する機会を持つ
ウ ~してばかりいる
イ (1306)

□ (6) appeal to ~
ア ~の世話をする
イ ~を理解する
ウ ~の心に訴える
ウ (1368)

□ (7) be jealous of ~
ア ~しようかなと思う
イ ~を恐れる
ウ ~をねたんでいる
ウ (1376)

□ (8) result in ~
ア 結局~に終わる
イ ~に成功する
ウ ~を片付ける
ア (1320)

□ (9) for long
ア 昔は
イ 初めは
ウ 長い間
ウ (1331)

□ (10) (just) in case	ア 階上へ イ 万一に備えて ウ 突然	イ (1351)
□ (11) of *one's* own	ア ～のおかげで イ 同じ年頃の ウ 自分自身の	ウ (1355)

2 次の語句と反対の意味になるように（　　　　）に適する語句を**ア**〜**エ**から選びなさい。

□ (1) turn on ～	⇔	turn (　　　) ～	エ (1319)
□ (2) be against ～	⇔	(　　　) ～	ア (1349)
□ (3) be independent of ～	⇔	(　　　) ～	ウ (1375)
□ (4) look up to ～	⇔	look (　　　) ～	イ (1397)

> ア be for　イ down on　ウ be dependent on　エ off

3 次の語句と似た意味を持つ語句を**ア**〜**ウ**から選びなさい。

□ (1) in particular	≒	(　　　)	ウ (1312)
□ (2) for sure	≒	(　　　)	ア (1343)
□ (3) in a sense	≒	(　　　)	イ (1392)

> ア for certain　イ in a way　ウ especially

1 次の語句の意味を**ア〜ウ**から選びなさい。

☐ (1) against *one's* will	ア 〜にもかかわらず イ 意志に反して ウ (〜へ行く) 途中で		イ (1367)
☐ (2) be poor at 〜	ア 〜が苦手である イ 〜を見失う ウ 〜を心配する		ア (1379)
☐ (3) be sure of 〜	ア 〜するのに慣れている イ 〜を確信している ウ 〜に対して責任がある		イ (1381)
☐ (4) make *oneself* at home	ア 引退する イ 捜す ウ くつろぐ		ウ (1400)
☐ (5) take *A* out of *B*	ア AをBに翻訳する イ Bを求めてA (場所) を探す ウ BからAを取り出す		ウ (1310)
☐ (6) depend on 〜	ア 〜次第である イ 必ず〜する ウ 〜を見直す		ア (1316)
☐ (7) for a while	ア 徐々に イ 後で ウ しばらくの間		ウ (1323)
☐ (8) bring up 〜	ア 〜を追いかける イ 〜を育てる ウ 〜を常食とする		イ (1383)
☐ (9) in shape	ア 自身の力で イ 体調が良くて ウ 仕事で		イ (1394)

2 下線部の語句の意味を**ア**〜**ウ**から選びなさい。

☐ 〔1〕 **run into** an old friend
ア とうまくやっていく　　　　イ と偶然出会う
ウ に親切な行為をする
イ (1307)

☐ 〔2〕 **leave for** work
ア に出かける　イ の埋め合わせをする　ウ を切り離す
ア (1318)

☐ 〔3〕 **point out** some problems
ア を結びつける　イ を指摘する　ウ を含む
イ (1329)

☐ 〔4〕 **take a look at** the map
ア の写しを取る　イ を信用する　ウ を見る
ウ (1335)

☐ 〔5〕 **take after** her
ア に似ている　イ についていく　ウ を紹介する
ア (1346)

☐ 〔6〕 **care about** global warming
ア に言及する　イ について議論する　ウ を心配する
ウ (1385)

☐ 〔7〕 **get out of** the pool
ア をすっかりきれいにする　イ から出る　ウ に入る
イ (1305)

☐ 〔8〕 **get away from** work
ア から離れる　イ を続ける　　ウ で疲れている
ア (1390)

☐ 〔9〕 **across from** the hospital
ア を通って　イ の後ろに　ウ の真向かいに
ウ (1302)

☐ 〔10〕 **lose control** completely
ア 自制を失う　イ 進路を変える　ウ 凍る
ア (1398)

訳 (1)旧友と偶然出会う　(2)仕事に出かける　(3)いくつか問題点を指摘する
(4)その地図を見る　(5)彼女に似ている　(6)地球温暖化を心配する　(7)そのプールから出る
(8)仕事から離れる　(9)病院の真向かいに　(10)完全に自制を失う

1 次の語句の意味を**ア〜ウ**から選びなさい。

☐ (1) hold on	ア 存在する イ 電話を切らないでおく ウ 漂う		イ (1325)
☐ (2) lose *one's* balance	ア 流れる イ バランスを崩す ウ 失望する		イ (1399)
☐ (3) some other time	ア いつか別のときに イ 最近 ウ すぐに		ア (1309)
☐ (4) by the end of 〜	ア 〜以内で イ 〜の初めに ウ 〜の終わりまでには		ウ (1324)
☐ (5) look through 〜	ア 〜を拾い上げる イ 〜にざっと目を通す ウ 〜し続ける		イ (1353)
☐ (6) take *one's* time	ア 努力する イ 夜更かしをする ウ ゆっくりやる		ウ (1357)
☐ (7) show A around 〜	ア Aに〜する方法を教える イ Aに〜させる ウ Aに〜を案内する		ウ (1366)
☐ (8) keep *one's* promise	ア 約束を守る イ 到着する ウ 用心する		ア (1396)
☐ (9) be capable of *doing*	ア 〜するつもりである イ たまたま〜する ウ 〜する能力がある		ウ (1372)

2 下線部の語句の意味を答えなさい。

☐ (1) The shirts in a medium size **are sold out**. Mサイズのシャツは（　　　）。	売り切れている (1338)
☐ (2) **turn out to be** false うそ（　　　）	であることがわ かる (1347)
☐ (3) **check out** by ten o'clock 10時までに（　　　）	チェックアウト する (1350)
☐ (4) **get rid of** a bad habit 悪癖（　　　）	を取り除く (1317)
☐ (5) Introduce yourselves **in turn**. （　　　）自己紹介をしてください。	順番に (1328)
☐ (6) give it to her **in return for** her hospitality もてなし（　　　）彼女にそれを渡す	のお返しに (1334)
☐ (7) sing a song **in public** （　　　）歌を歌う	人前で (1352)
☐ (8) **bring back** some souvenirs おみやげ（　　　）	を持ち帰る (1314)
☐ (9) Mr. Suzuki **is proud of** his students' achievements. スズキ先生は生徒の成績（　　　）。	を誇りに思う (1337)
☐ (10) They **are full of** hopes. 彼らは希望（　　　）。	でいっぱいであ る (1339)
☐ (11) Her dream will **come true**. 彼女の夢は（　　　）だろう。	実現する (1361)

A

でる度 B

Section 14-3

1 音声を聞いて語句の意味を**ア~ウ**から選びなさい。
（音声が聞けない場合は語句を見て選びなさい）

□ (1) ア 偶然に　　イ 平均して ウ 結局（は）	🎧 after all	ウ (1330)
□ (2) ア 中に入る イ （物事が）うまくいかない ウ 外出する	🎧 go wrong	イ (1332)
□ (3) ア 病気で寝ている イ 入院している ウ あきれている	🎧 be sick in bed	ア (1358)
□ (4) ア ~の最後に　　イ ~の前で ウ ~の頃に	🎧 at the end of ~	ア (1362)
□ (5) ア ~の代わりに イ ~する限り ウ ~の危険を冒して	🎧 at the risk of ~	ウ (1371)
□ (6) ア 滑り下りる　イ よく眠る ウ 外泊する	🎧 sleep well	イ (1308)
□ (7) ア ~に人気がある イ ~から解放されている ウ ~の用意ができている	🎧 be free from ~	イ (1373)
□ (8) ア ~に巻き込まれる イ ~する準備ができている ウ ~にうんざりしている	🎧 be sick of ~	ウ (1380)
□ (9) ア ~したい気がする イ ~を気の毒に思う ウ ~に書き込む	🎧 feel sorry for ~	イ (1388)

2 音声を聞いて語句の意味を**ア**～**エ**から選びなさい。
（音声が聞けない場合は語句を見て選びなさい）

ア 暗記して イ 今や…なので ウ 断然 エ 一直線に	

□ (1) 🎧 in line	エ (1333)
□ (2) 🎧 by far	ウ (1342)
□ (3) 🎧 now that ...	イ (1354)
□ (4) 🎧 by heart	ア (1384)

3 音声を聞いて（　　　）に適切なものを答えなさい。
（音声が聞けない場合は語句を見て答えなさい）

□ (1) （　　　）水を飲む	🎧 drink <u>plenty of</u> water たくさんの (1356)
□ (2) 空港（　　　）	🎧 <u>head for</u> the airport へ向かう (1391)
□ (3) 車（　　　）	🎧 <u>get in</u> a car に乗る (1340)
□ (4) （　　　）虹が見られるかもしれない。	🎧 <u>With luck</u>, you may see a rainbow. 運が良ければ (1348)
□ (5) 大勢の前で（　　　）	🎧 <u>make a speech</u> in front of many people 演説をする (1364)
□ (6) 古い机（　　　）	🎧 <u>break up</u> an old desk をばらばらにする (1382)

1 次の各文の（　　　）に適する語句を**ア〜ク**から選びなさい。

☐ (1) My grandfather started to talk about his war experiences (　　　).
　　祖父は自分の戦争体験について詳細に話し始めた。
イ (1370)

☐ (2) I hear some students can't (　　　) a smartphone.
　　スマートフォンなしではいられない生徒もいるそうだ。
エ (1386)

☐ (3) Who will take care of your cat while you are (　　　) on a trip?
　　あなたが旅行で留守にする間，誰があなたの猫の世話をするのですか。
ウ (1304)

☐ (4) Excuse me, may I ask (　　　) it is from here to the nearest station?
　　すみませんが，ここから最寄りの駅までどのくらいあるか聞いてもいいですか。
キ (1360)

☐ (5) If you buy the computer from that store, it will cost $500 (　　　).
　　そのコンピュータはあの店で買えば，せいぜい500ドルだろう。
ア (1369)

☐ (6) I am (　　　) your kindness.
　　あなたのご親切に感謝いたします。
カ (1374)

☐ (7) Please use the stairs because the elevator is (　　　).
　　エレベーターが故障中ですので階段をご利用ください。
ク (1377)

☐ (8) Let's have coffee (　　　).
　　気分転換にコーヒーを飲みましょう。
オ (1389)

ア at most	**イ** at length	**ウ** away
エ do without	**オ** for a change	**カ** grateful for
キ how far	**ク** out of order	

2 次の各文の（　　　）に適する語句を**ア**〜**エ**から選びなさい。

☐ (1) Flowers have some mysterious way of keeping time. They have, (　　　), a kind of "biological clock." **エ** (1327)

花は時間を計る不思議な方法を持っている。言い換えると，一種の「体内時計」を持っているのだ。

ア by nature 　　　　　**イ** for instance
ウ for the first time 　**エ** in other words

☐ (2) (　　　) you succeed or not, trying your best is important. **イ** (1336)

成功しようとしまいと，全力を尽くすことが大切だ。

ア Neither 　**イ** Whether 　**ウ** While 　**エ** Whatever

☐ (3) Don't let me (　　　). I'm sure you can do it! **エ** (1344)

がっかりさせないでくれよ。君なら絶対できるよ！

ア ahead 　**イ** against 　**ウ** below 　**エ** down

☐ (4) I like to go out. (　　　), my sister likes to stay home. **ウ** (1393)

私は外出するのが好きだ。それとは対照的に姉[妹]は家にいるのが好きだ。

ア On earth 　　　**イ** By accident
ウ In contrast 　**エ** In advance

☐ (5) His new novel is (　　　) his own experiences. **ア** (1313)

彼の今度の小説は彼自身の体験に基づいている。

ア based on 　　　　**イ** set up
ウ got ready for 　**エ** except for

☐ (6) Some people think that humans are more closely (　　　) orangutans than to chimpanzees. **ウ** (1321)

人はチンパンジーよりもオランウータンと近縁関係にあると考える人もいる。

ア sounded like 　**イ** as well as
ウ related to 　　**エ** together with

☐ (7) It (　　　) me about 20 minutes to get there by bike. **エ** (1363)

私が自転車でそこまで行くのに20分ほどかかった。

ア delivered 　**イ** spent 　**ウ** paid 　**エ** took

1 次の語句の意味を**ア**~**ウ**から選びなさい。

☐ (1) on demand	ア 運が良ければ イ 万一に備えて ウ 要求があり次第	ウ (1404)
☐ (2) another ~ minutes	ア もはや~でない イ もう~分 ウ ~に間に合って	イ (1419)
☐ (3) without fail	ア 必ず イ まもなく ウ 急いで	ア (1418)
☐ (4) when to *do*	ア どこへ~すべきか イ いつ~すべきか ウ 何を~すべきか	イ (1441)
☐ (5) as a result of ~	ア ~の結果として イ ~するために ウ ~の代わりに	ア (1447)
☐ (6) change *one's* mind	ア 予約する イ 道に迷う ウ 考えを変える	ウ (1464)
☐ (7) be said to be ~	ア ~を求める イ ~次第である ウ ~であると言われている	ウ (1470)
☐ (8) get along with ~	ア ~と似ている イ ~とうまくやっていく ウ ~を設立する	イ (1475)
☐ (9) look out	ア 集まる イ 楽しむ ウ 用心する	ウ (1486)

□ (10) make up for 〜	ア 〜の埋め合わせをする イ 〜に取り組む ウ 〜を着用する	ア (1488)
□ (11) to *one's* surprise	ア 平均して イ 驚いたことに ウ 間違って	イ (1495)

2 次の語句と反対の意味になるように（　　　　）に適する語句を**ア〜ウ**から選びなさい。

□ (1) by accident	⇔	on（　　　　）	ウ (1457)
□ (2) in the long run	⇔	in the（　　　）run	ア (1483)
□ (3) in the beginning of 〜	⇔	in the（　　　）of 〜	イ (1452)

ア short　イ end　ウ purpose

---

3 次の語句と似た意味になるように（　　　　）に適する語句を**ア〜オ**から選びなさい。

□ (1) stand out	≒	（　　　　）	オ (1412)
□ (2) be aware of 〜	≒	（　　　）of 〜	イ (1445)
□ (3) stand by 〜	≒	（　　　　）	ア (1411)
□ (4) carry out 〜	≒	（　　　　）	エ (1446)
□ (5) be tired of 〜	≒	（　　　）of 〜	ウ (1463)

ア support　イ be conscious　ウ be sick　エ conduct
オ be outstanding

---

1 次の語句の意味を**ア**～**ウ**から選びなさい。

☐ 〔1〕 none of *one's* business	**ア** ～に対して責任がある **イ** ～の知ったことではない **ウ** ～に反対である	**イ** (1402)
☐ 〔2〕 speak up	**ア** もっと大きな声で話す **イ** 実現する **ウ** 演説をする	**ア** (1410)
☐ 〔3〕 The point is (that) ...	**ア** …であることを確実にする **イ** 必ず…するように取り計らう **ウ** 重要な点は…である	**ウ** (1415)
☐ 〔4〕 see *A* off	**ア** Aと友達になる **イ** Aを見送る **ウ** Aを車に乗せる	**イ** (1437)
☐ 〔5〕 had better *do*	**ア** ～することを楽しみに待つ **イ** ～する時間を持つ **ウ** ～した方がよい	**ウ** (1478)
☐ 〔6〕 lead *A* to *B*	**ア** AをBに翻訳する **イ** AのBを手伝う **ウ** AをBに至らせる	**ウ** (1484)
☐ 〔7〕 on board ～	**ア** ～に乗って **イ** ～が原因で **ウ** ～に反対して	**ア** (1490)
☐ 〔8〕 take *A* back to *B*	**ア** AをBと比べる **イ** AをBに返品する **ウ** BよりAを好む	**イ** (1494)
☐ 〔9〕 a bunch of ～	**ア** 1対の～ **イ** 一束の～ **ウ** 2, 3の～	**イ** (1465)

2 下線部の語句の意味を**ア**〜**ウ**から選びなさい。

☐ (1) <u>come across</u> an old diary　　　　　　　　　ア (1458)
　　ア をふと見つける　　　　　イ を管理する
　　ウ に触れる

☐ (2) <u>rely on</u> our leader　　　　　　　　　　　　ウ (1462)
　　ア と連絡をとる　　　　　　イ を尊敬する
　　ウ を頼る

☐ (3) I <u>was impressed with</u> the beauty of its nature.　イ (1468)
　　ア を描いた　　　　　　　　イ に感銘を受けた
　　ウ を紹介した

☐ (4) pay for the ticket <u>in advance</u>　　　　　　　　ウ (1480)
　　ア 後で　　　イ すぐに　　ウ あらかじめ

☐ (5) Your opinion against it is <u>to the point</u>.　　　ウ (1416)
　　ア よく知られて　　　　　イ 優れて
　　ウ 的を射て

☐ (6) Be quiet <u>for a minute</u>.　　　　　　　　　　イ (1427)
　　ア できるだけ　　　　　　イ ちょっとの間
　　ウ いつもより

☐ (7) <u>make an appointment with</u> the dentist　　　ア (1431)
　　ア の予約をする　　　　　イ をひどく嫌う
　　ウ を案内する

☐ (8) He <u>was involved in</u> the car accident.　　　　ウ (1449)
　　ア を後悔した　イ に言及した　ウ に巻き込まれた

☐ (9) They <u>were injured</u> in the accident.　　　　　イ (1456)
　　ア 入院していた　　　　　イ けがをした
　　ウ 医者に診てもらった

訳 (1) 昔の日記をふと見つける　(2) リーダーを頼る　(3) 私はその自然の美しさに感銘を受けた。
(4) あらかじめ切符の代金を支払う　(5) それに反対するあなたの意見は的を射ている。
(6) ちょっとの間静かにしなさい。　(7) 歯医者の予約をする
(8) 彼はその自動車事故に巻き込まれた。　(9) 彼らはその事故でけがをした。

1 次の語句の意味を**ア**~**ウ**から選びなさい。

☐ (1) separate *A* from *B*	ア Aを B に加える イ Aを B に紹介する ウ Aを B から分離する	ウ (1409)
☐ (2) try *one's* best	ア 意識を回復する イ 握手をする ウ 全力を尽くす	ウ (1440)
☐ (3) cheer *A* up	ア Aを車で迎えに行く イ Aを元気づける ウ Aと結婚する	イ (1499)
☐ (4) make sense	ア 意味が通じる イ 行われる ウ 列を作る	ア (1401)
☐ (5) do nothing but *do*	ア ~であることがわかる イ 結局~に終わる ウ ~してばかりいる	ウ (1403)
☐ (6) with care	ア 気をつけて イ 意志に反して ウ 詳細に	ア (1417)
☐ (7) on *one's* own	ア 体調が良くて イ 暗記して ウ 自身の力で	ウ (1434)
☐ (8) in reality	ア 徒歩で イ (外見などに反して) 実際は ウ わざと	イ (1481)
☐ (9) leave ~ behind	ア ~を書き留める イ ~を発送する ウ ~を置いていく	ウ (1485)

2 下線部の語句の意味を答えなさい。

☐ (1) **reach out for** the toy そのおもちゃ（　　　）	を取ろうと手を のばす (1408)
☐ (2) **succeed in** climbing to the top of the mountain 山の登頂（　　　）	に成功する (1413)
☐ (3) She has **been busy with** her schoolwork. 彼女は学業（　　　）。	で忙しい (1421)
☐ (4) **dress up** for a party パーティーのために（　　　）	正装する (1424)
☐ (5) She told me the same story **over and over again**. 彼女は私に（　　　）同じ話をした。	何度も (1435)
☐ (6) He came **all the way** from Paris. 彼はパリから（　　　）やってきた。	はるばる (1454)
☐ (7) **go through** a lot of difficulties たくさんの苦労（　　　）	を経験する (1477)
☐ (8) **hope for** his safe return 彼の無事の帰還（　　　）	を願う (1479)
☐ (9) **participate in** the school festival 学園祭（　　　）	に参加する (1406)
☐ (10) The company will **go out of business** soon. その会社はすぐに（　　　）だろう。	破産する (1429)
☐ (11) His ideas are **out of date**. 彼の考えは（　　　）だ。	時代遅れ (1405)

1 音声を聞いて語句の意味を**ア**～**ウ**から選びなさい。
（音声が聞けない場合は語句を見て選びなさい）

□ (1)	ア 旅行に行く イ 先に行く ウ 外出する	🎧 go on a tour	ア (1428)
□ (2)	ア 大病を患う イ ひどい頭痛がする ウ のどが痛む	🎧 have a sore throat	ウ (1430)
□ (3)	ア 長い間 イ 今後ずっと ウ 気分転換に	🎧 from now on	イ (1474)
□ (4)	ア 違いをもたらす イ 間違える ウ 決心する	🎧 make a difference	ア (1487)
□ (5)	ア ～に人気がある イ ～を拾い上げる ウ ～で重要な役割を果たす	🎧 play an important role in ～	ウ (1491)
□ (6)	ア いつものように イ もまた　ウ 初めは	🎧 as usual	ア (1498)
□ (7)	ア 逃げる　イ 寝入る ウ 外食する	🎧 eat out	ウ (1425)
□ (8)	ア (略語などが) ～を意味する イ ～と偶然出会う ウ ～に出かける	🎧 stand for ～	ア (1492)
□ (9)	ア 遅刻する イ 夜更かしをする ウ 成長が遅い	🎧 stay up late	イ (1497)

2 音声を聞いて語句の意味を**ア**～**エ**から選びなさい。
（音声が聞けない場合は語句を見て選びなさい）

ア ～に用心する	
イ 努力する	
ウ 危険にさらされている	
エ ～に満足している	

□ (1)	🎧 make an effort	**イ** (1460)
□ (2)	🎧 be in danger	**ウ** (1469)
□ (3)	🎧 be satisfied with ~	**エ** (1471)
□ (4)	🎧 watch out for ~	**ア** (1496)

3 音声を聞いて（　　　）に適切なものを答えなさい。
（音声が聞けない場合は語句を見て答えなさい）

□ (1) 一日中（　　　）	🎧 **stay in bed** all day 寝ている (1438)
□ (2) 納税申告書（　　　）	🎧 **hand in** a tax form を提出する (1444)
□ (3) 支配人は（　　　）出かけている。	🎧 The manager is **away on business**. 仕事で (1453)
□ (4) 校長の話（　　　）	🎧 **start with** the principal's speech で始まる (1493)
□ (5) サンドイッチを（　　　）てもいい？	🎧 Can I **take a bite of** your sandwich? 一口食べ (1414)
□ (6) 私は昨日の空の旅（　　　）。	🎧 I am **tired from** yesterday's flight. で疲れている (1423)

1 次の各文の（　　　）に適する語句を**ア～ク**から選びなさい。
（ただし，文頭にくる語句も小文字になっています）

☐ (1) He speaks Japanese (　　　) it were his mother tongue.　　エ (1420)

彼はまるで母語であるかのように日本語を話す。

☐ (2) Please (　　　) over there and have some tea.　　カ (1439)

あちらに座ってお茶をどうぞ。

☐ (3) Drinking too much coffee may (　　　) a
headache or something like that.　　オ (1442)

コーヒーの飲みすぎが，頭痛などにつながることもあり得る。

☐ (4) My car (　　　) this morning and will not be
repaired until Friday.　　ア (1450)

今朝，私の車は故障して，金曜日まで直らない。

☐ (5) The lady talking at the gate is (　　　) our class.　　キ (1459)

門のところで話している女性が私たちのクラスの担任だ。

☐ (6) (　　　) our efforts, the conference ended in failure.　　イ (1482)

私たちの努力にもかかわらず，その会議は失敗に終わった。

☐ (7) (　　　), I would like to say it is impossible to
carry out this plan.　　ウ (1451)

結論として，この計画を実行するのは不可能であると私は言いたい。

☐ (8) The patient will (　　　) tennis for a year.　　ク (1472)

その患者はこれから1年間はテニスをすることができないだろう。

ア broke down　　イ in spite of　　ウ in conclusion
エ as if　　オ lead to　　カ take a seat
キ in charge of　　ク be unable to play

2 次の各文の（　　）に適する語句を**ア**〜**エ**から選びなさい。

☐ (1) I can pay (　　) $50 a week for rent.　　　ウ (1433)

私は家賃として週に50ドルしか払えない。

ア in turn　　　　　**イ** by far
ウ no more than　　**エ** a piece of

☐ (2) Any book will do (　　) it is interesting.　　イ (1448)

面白ければ，どんな本でもよい。

ア by nature　　**イ** as long as
ウ by chance　　**エ** at least

☐ (3) In the U.S., students are (　　) take an active part in lessons.　　エ (1467)

アメリカでは，学生は授業に積極的に参加することを期待される。

ア related to　　**イ** used to
ウ ready for　　**エ** expected to

☐ (4) I'm sorry. I didn't (　　) hurt you.　　ア (1489)

ごめんなさい。あなたを傷つけるつもりはありませんでした。

ア mean to　　　**イ** agree to
ウ continue to　**エ** happen to

☐ (5) You can (　　) go to soccer camp or take painting lessons this summer.　　エ (1426)

今年の夏，あなたはサッカーのキャンプに行くか，絵画のレッスンを受けるか，どちらかをすることができる。

ア whether　**イ** seldom　**ウ** rather　**エ** either

☐ (6) The man could not make any (　　) the manual for his new smartphone.　　イ (1432)

その男性は新しいスマートフォンのマニュアルを全く理解できなかった。

ア care of　**イ** sense of　**ウ** part in　**エ** sight of

☐ (7) My older brother graduated from college two years (　　) me.　　ウ (1466)

兄は私より2年先に大学を卒業した。

ア in return for　　**イ** by the end of
ウ ahead of　　　　**エ** next to

次の(1)から(18)までの（　　　）に入れるのに最も適切なものを**1**，**2**，**3**，**4**の中から一つ選びなさい。

☐ (1) The saxophone was invented in France in 1846 and was first used by the French army. It was （　　　）the man who created it, Adolphe Sax.

1 named after　　　**2** left for
3 run into　　　　**4** seen off

1 (1500)

☐ (2) *A*: Do you want to go to a restaurant for your birthday or shall we eat in?
B: I can't （　　　）my mind. They both sound good. You decide for me.

1 put off　　　　**2** make up
3 go around　　　**4** try on

2 (1345)

☐ (3) When taking your driving test, you must （　　　）the road signs as well as other drivers and people walking on the streets.

1 take part in　　　**2** stay away from
3 come up with　　**4** pay attention to

4 (1461)

☐ (4) *A*: My son is always in his room these days.
B: My daughter is the same. She is on her smartphone or tablet （　　　）. I only see her when she's hungry.

1 all the way　　　**2** all of a sudden
3 all the time　　　**4** all at once

3 (1322)

☐ **(5)** When the big earthquake hit, the people stayed in shelters. By the next day, the army had arrived, and everyone was (   ) food, water, and warm clothes.

2 (1443)

1 filled with   **2** provided with
3 shared with   **4** covered with

☐ **(6)** Mr. Maxwell is in poor health, and he can (   ) take his pet dog, Fido, for walks. He will give Fido to his daughter, who lives nearby.

1 (1315)

1 no longer   **2** already
3 yet   **4** still

☐ **(7)** The popstar's manager said she was not (   ) speak to the media and fans yet about why she had suddenly canceled her world tour.

1 (1422)

1 ready to   **2** related to
3 next to   **4** led to

☐ **(8)** When Mr. Suzuki first moved to New York, everything was so different from Japan. However, now after living there for five years, he really (   ).

2 (1387)

1 loses his way   **2** feels at home
3 stays up late   **4** makes a noise

☐ **(9)** Chie plays golf in many competitions around Japan during the year, so she is often absent from school. She has a private tutor who helps her (   ) her classmates.

4 (1473)

1 look up to   **2** be proud of
3 make up for   **4** catch up with

熟語編

A

でる度
B

☐ (10) *A*: Hi, Tony. I (   ) your house yesterday and
I saw a beautiful bike outside.

B: Yes, my father gave it to me for my birthday
last Saturday.

1 saw off　　　　　　**2** carried out
3 passed by　　　　　　**4** filled in

3 (1407)

☐ (11) Danny went to karaoke with his friends
yesterday. At first, he enjoyed singing all his
favorite songs, but (   ) he began to feel
tired, so he went home early.

1 to be sure　　　　　**2** in return
3 after a while　　　　**4** by the way

3 (1303)

☐ (12) When Karen was drawing a picture, her blue pen
(   ) ink. She had to use a green one instead.

1 broke down into　　**2** ran out of
3 kept up with　　　　**4** dressed up for

2 (1455)

☐ (13) Spring in Japan often has mild weather and
beautiful flowers, but for people who (   )
allergies, it can be a tough season.

1 sound like　　　　　**2** think about
3 turn on　　　　　　**4** suffer from

4 (1311)

☐ (14) Arisa had to make a presentation in English in
front of the whole school last week. She had
been so scared, but she (   ) her worries and
spoke without any mistakes.

1 cheered up　　　　　**2** felt like
3 got over　　　　　　**4** went through

3 (1476)

(15) Chris and his friends all went to different high schools, so they can't see each other every day. They try to (　　) once a month and chat about their latest news.

1 send out　　　　　**2** get together
3 fill out　　　　　　**4** turn down

2 (1341)

(16) The teacher told her students to (　　) their textbooks, dictionaries, and computers because they were going to have a test.

1 run away　　　　　**2** throw away
3 put away　　　　　**4** turn away

3 (1436)

(17) *A:* (　　) the pasta sauce, please. I'm just going to the store.
B: Sure. It smells really good. I'm looking forward to dinner.

1 Get out of　　　　**2** Make fun of
3 Keep an eye on　　**4** Come up to

3 (1395)

(18) *A:* Dad, can I get a car for my 18th birthday?
B: That (　　). It's much too expensive and anyway, we just bought you a new bicycle last year.

1 is none of your business
2 is very kind of you
3 is good to hear
4 is out of the question

4 (1378)

(1) サクソフォンは 1846 年にフランスで発明され, フランス軍によって初めて使われた。それは, 考案したアドルフ・サックスという男性の名にちなんで名づけられた。

(2) A：誕生日にレストランに行きたい？ それとも家で食べる？
　　B：決められない。両方とも良さそう。私のためにあなたが決めてよ。

(3) 運転試験を受けているとき, 他の運転手や通りを歩いている人々だけでなく道路標識にも注意しなければいけない。

(4) A：うちの息子はここのところいつも部屋にいるの。
　　B：うちの娘も同じよ。彼女はいつでもスマートフォンかタブレットをいじっている。彼女を見かけるのは彼女がお腹を空かせたときだけよ。

(5) 大地震が起きたとき, その人たちは避難所に泊まった。次の日までに軍が到着し, 全員が食べ物, 水, そして暖かい衣服を供給された。

(6) マックスウェルさんは健康状態がよくなく, もはやペットの犬のファイドーを散歩に連れて行くことができない。彼は近くに住む娘にファイドーを引き渡すつもりだ。

(7) その人気歌手のマネージャーは, 彼女はまだ, 世界ツアーを突然中止したことについてメディアやファンに話す準備ができていないと言った。

(8) スズキさんがニューヨークに引っ越した当初は, すべての物事が日本とあまりにも違っていた。しかし, そこに住んで 5 年が経った今, 彼は本当にくつろいでいる。

(9) チエは年中, 日本中の多くの競技会でゴルフをプレーするため, しばしば学校を休む。彼女にはクラスメートに追いつくよう助けてくれる家庭教師がいる。

(10) A：やあ, トニー。昨日きみの家のそばを通って, 外で美しい自転車を見かけたよ。
　　B：うん, 先週の土曜日, 僕の誕生日にお父さんがそれをくれたんだ。

(11) ダニーは昨日, 友達とカラオケに行った。初め, 彼はお気に入りの歌を全部歌うのを楽しんだが, しばらくして疲れてきたので早く家に帰った。

(12) カレンが絵を描いていたとき, 青いペンのインクがなくなった。彼女は代わりに緑のペンを使わなければならなかった。

(13) 日本の春はしばしば穏やかな天候で美しい花々が咲くが, アレルギーに苦しむ人々にとっては厳しい季節になり得る。

(14) アリサは先週, 全校生徒の前で, 英語で発表をしなければならなかった。彼女はとてもびくびくしていたが, その心配を克服して, いかなる間違いもせずに話した。

(15) クリスと彼の友達はみんな別々の高校に行ったので, 毎日お互いに会うことはできない。彼らは月に一度集まるようにして, 最新のニュースについておしゃべりする。

(16) 生徒たちは試験を受けるところだったので, 先生は生徒たちに教科書と辞書, コンピュータを片付けるように言った。

(17) A：お願い, パスタソースから目を離さないで。ちょっと店に行ってくる。
　　B：わかった。とてもいい匂いがする。夕食が楽しみだ。

(18) A：パパ, 私の 18 歳の誕生日に車を買ってくれない？
　　B：それは問題外だ。あまりに高価だし, それに昨年新しい自転車を買ってあげたばかりじゃないか。